Heinrich Kábdebo

Bibliographie zur Geschichte der beiden Türkenbelagerungen Wiens 1529 und 1683

Heinrich Kábdebo

Bibliographie zur Geschichte der beiden Türkenbelagerungen Wiens 1529 und 1683

ISBN/EAN: 9783743331594

Hergestellt in Europa, USA, Kanada, Australien, Japan

Cover: Foto ©ninafisch / pixelio.de

Manufactured and distributed by brebook publishing software (www.brebook.com)

Heinrich Kábdebo

Bibliographie zur Geschichte der beiden Türkenbelagerungen Wiens 1529 und 1683

BIBLIOGRAPHIE

ZUR GESCHICHTE

DER

TÜRKENBELAGERUNGEN WIEN'S.

Absagbrieff/wie Sultan Solleyman Künig Ferdinando zů geschickt.

Wir Sultan Solleyman von des grossen Gots im hymel genaden/ vñ sich Got auff dem erdtreych/ vnd aller tieffe gross mechtiger Keyser vñ Soldan zů Babylon/ rechtiger Keyser zů Kathepria/ Künig zů Egypten/ Künig zů Trasia/ vnd in Antiochia/ zů Sarthon/ vnd Künig des Colin gesterna in India/ Ein erhalter der götter/ vnd Fürst vnd gelaster von dem dürren Baum/ biß auff den berg Achara/ vnd Künig aller Künig/ von auffgang der Sünnen/ biß zum nydergang. Probst des yrdischen Paradeyß Machometa/ trost vnd heyl der Thiercken vnd Hayden/ oft ein verderber der Christenheyt/ Eyn Stiffter der grössten des gecreützigten gots/ vnd Künig zů Bierusalem. Ferdinandus/ der sich schreybt in vnsern landern eyn Künig zů Hungern/ Du solt dich bey verlierung vnser Kron gentzlich versehen/ dz wir dich mit dreytzehen Künigreychen/ in kurtzer zeyt mit vnser macht zů Wien suchen wöllen/ Alleyn der gross gott im hymel wöll dir helffen/ So will ich got auff erdtreych/ dich vñ all deyn helffer/ mit vnserm kriegsgschütcken/ des aller ellendtsten toda/ so wir erdencken mügen/ richten lassen/ darnach muß du gentzlich versehen/ das wir das gantz gemeyn Triesch land/ vnsere Keyserthumbe in kurtz/ mit vnser macht/ bringen vñ bekeren wöllen. Haben wir dir vnd deynem Bruder Carolo nicht wöllen verhalten. Datum in Constantinopel im. 1532. Iar.

Hanns Guldenmundt
zů Nürmberg in Sanct
Gilgen gassen.

BIBLIOGRAPHIE

ZUR GESCHICHTE DER BEIDEN

TÜRKENBELAGERUNGEN WIEN'S

1529 und 1683.

VON

HEINRICH KÁBDEBO.

Mit einer lithographischen Tafel und 50 Holzschnitten.

WIEN 1876.
VERLAG VON FAESY & FRICK
K. K. HOFBUCHHANDLUNG.
27. GRABEN 27.

Dem Hoch- und Wohlgebornen Herrn

ALBERT CÁMESINA RITTER VON SAN VITTORE,

k. k. wirklicher Regierungsrath, Ritter des Ordens der eisernen Krone III. Klasse, des Franz Josef-Ordens, des königl. sächsischen Albrecht-Ordens und des königl. niederländischen Eichenkronen-Ordens, Besitzer der grossen goldenen k. k. österreichischen, der königl. preussischen und der päbstlichen Medaille für Kunst und Wissenschaft, Besitzer der grossen goldenen Salvator-Medaille der Stadt Wien, Mitglied der k. k. Central-Kommission für Kunst und historische Denkmale, k. k. Konservator für die Stadt Wien, wirkl. Mitglied der k. k. Akademie der bildenden Künste zu Wien, Korrespondent des k. k. österr. Museums für Kunst und Industrie, Mitglied des Gelehrten-Ausschusses des germanischen National-Museums zu Nürnberg, Ehrenmitglied und Korrespondent des königl. archäologischen Institutes von Gross-Britannien und Irland zu London. Mitglied und Korrespondent der kaiserl. archäologischen Gesellschaft zu Moskau, Ausschuss-Mitglied des Wiener Altertums-Vereines und des Vereines für Landeskunde von Niederösterreich, etc. etc.

Zu seinem Siebzigsten Geburtstage

in aufrichtiger Verehrung

GEWIDMET VON

HEINRICH KÁBDEBO.

Vorrede.

Ausser der Reichsstadt Nürnberg dürfte wol keine Stadt Mittel-Europa's über einen so bedeutenden literarischen Quellenschatz verfügen, als die Kaiserstadt Wien. Wenn wir uns vergegenwärtigen, dass sich Guttenberg's Kunst hier erst gegen den Schluss des XV. Jahrhunderts zu entfalten begann, dass sie im nächsten meistens zur Vervielfältigung von Mandaten, Privilegien, Kalendarien und Streitschriften diente, so könnte dieses oberwähnte Faktum auffällig erscheinen, würde nicht der grossartige Anteil des Auslandes an der Wiener Literatur, welcher wieder durch die heimischen Druckerverhältnisse und Druckverbote, später aber durch geschichtliche oder andere Ereignisse hervorgerufen wurde, entgegenzustellen sein.

Dass die einzelnen Werke, wie sie uns zufällig in die Hände kommen, keinen Ueberblick über die Reichhaltigkeit der Wiener Literatur gestatten, ist selbstverständlich: doch dem Sammler und Forscher geben sie, aneinander gereiht, ein Resultat, das überraschend wirkt.

Welch' eine Unzahl von deutschen Relationen und beschreibenden Gedichten des XVI., von deutschen, italienischen, spanischen, französischen, englischen und holländischen Quellenwerken des XVII. und XVIII. Jahrhunderts giebt es, welch' eine Fülle von Stoff ist da angesammelt: beinahe kein Kapitel, keine Episode der

Wiener Geschichte steht ohne selbstständige Literatur da. Doch viele von diesen Werken sind Prätiosa, ja selbst Unica und nur selten erreichbar. Deshalb müssen vorerst — soll die Geschichte der Stadt Wien, wie sie die heutige Wissenschaft erfordert, geschrieben werden — diese in den verschiedensten Bibliotheken und Privatsammlungen zerstreuten Werke, diese in hunderten von periodischen Zeitschriften abgedruckten Aufsätze verzeichnet werden, um so einen Ueberblick über die gesammte Literatur der Stadt Wien zu gewinnen.

Für diesen Zweck befasse ich mich seit einer Reihe von Jahren mit den Vorarbeiten einer *„Bibliographie zur Geschichte der Stadt Wien"*. Da nun diese umfangreiche Arbeit nahezu vollendet ist, fasste ich den Entschluss, einen Teil daraus zu publiciren, um mir für meine Arbeit die Unterstützung der Fachleute zu erbitten sowie durch sie die etwaigen Fehler und Lücken in der Ausführung kennen zu lernen.

Ich brauchte wol kaum unschlüssig zu sein, welches Kapitel der Geschichte Wiens ich herausgreifen sollte. Die beiden Belagerungen dieser Stadt durch die Türken sind nicht nur die wichtigsten und glorreichsten Ereignisse, bilden den Stolz der Wiener, indem sie uns die ruhmreichen Thaten unserer Vorfahren ins Gedächtnis zurückrufen, sondern sie haben auch für die Geschichte Deutschlands grosses historisches Interesse.

Was auf Anordnung und Ausführung dieses Buches Bezug hat, werde ich in der Einleitung besprechen; hier erübrigt mir nur noch die angeneme Pflicht, jener Gelehrten, welche meine Studien durch die bereitwilligste Erlaubnis zur Einsichtname der aufgeführten Werke förderten, dankbar zu gedenken. Ich habe zunächst in *Wien* zu danken:

Der Bibliothek Sr. Majestät des Kaisers (resp. Herrn Hofrath *M. A. Ritter v. Becker*).
der k. k. Hofbibliothek (resp. Herrn Hofrath Dr. *Ernst Birk*),
„ k. k. Universitätsbibliothek (resp. Herrn Direktor Dr. *Leithe*),
„ Bibliothek des k. k. österr. Museums (resp. Herrn Custos Dr. *Franz Schestag*),

der Wiener Stadtbibliothek (resp. Herrn Archivs- und Bibliotheks-Direktor *Carl Weiss*).
und dem vor kurzem verstorbenen, begeisterten Sammler aller Viennensia Herrn *Franz Haydinger*.

Die Beantwortungen meiner Anfragen enthielten vielfach schätzbares Materiale, und für diese Beiträge und dem freundlichen Entgegenkommen bei meinen auswärtigen Bibliotheksstudien sage ich meinen herzlichen Dank:

In Admont: der Stiftsbibl. (resp. Herrn Archivar *J. Wichner*).
in Berlin: der General-Verwaltung der königl. Museen,
„ Cassel: der ständ. Landesbibl. (resp. Hrn. Dr. *J. G. Chr. Schubert*),
„ Dresden: der königl. Kupferstich-Sammlung (resp. Hrn. Prof. *L. Gruner*,
„ Dresden: der königl. Hofbibliothek,
„ Erlangen: der königl. Universitätsbibliothek,
„ Frankfurt a. M.: der Stadtbibl. (resp. Hrn. Dr. *Haucisen*),
„ Heidelberg: der Grossh. Bad. Universitätsbibl. (resp. Hrn. Dr. *Bender*),
„ Hamburg: der Stadtbibl. (resp. Hrn. Dr. *M. Isler*),
„ Hohenfurt: der Stiftsbibl. (resp. Hrn. Dr. *Raphael Pavel*),
„ Königswarth: der fürstl. Metternich'schen Bibl. (resp. Hrn. Prof. *J Rath*),
„ Krakau: der Universitätsbibl. (resp. Hrn. Dr. *Carl Estreicher*),
„ Kreszowice: Hrn. Bibl. Dr. Fr. *Kluczizki*,
„ Lilienfeld: der Stiftsbibl. (resp. Hrn. *Johann Gottwald*),
„ Linz: der öffentl. Bibl. (resp. Hrn. Dir. *Fruhwirth* und Hr. Scriptor *Christbauer*,
„ London: dem British Museum (resp. Hrn. *Richard Garnelt*),
„ Madrid: der Biblioteca Nacional,
„ München: der königl. Hof- und Staatsbibl. (resp. Hrn. Dir. *Halm*),
„   „   dem königl. Kupferstich-Kabinet (resp. Hrn. Conservator *Rothbart*),
„ München: Herrn Freiherrn Dr. v. *Liliencron*,

in Nürnberg: dem german. National-Museum,
„ Olmütz: der k. k. Bibl. (resp. Hrn. Dr. *A. Müller*).
„ Paris: der Bibliotheque National,
„. St. Paul in Kärnten: der Stiftsbibl. (resp. Hrn. Prof. *E. Katz*).
„ Regenspurg: der Königl. Kreisbibl. (resp. Hrn. Dr. *Fried. Harrer*).
„ Rein: der Stiftsbibl. (resp. Hrn. P. *Anton Weis*),
„ Strassburg: der kaiserl. Universitäts- und Landesbibl. (resp. Hrn. Oberbibl. *Barock*),
„ Triest: der Biblioteca Civica (resp. Hrn. Dr. *A. Hortis*),
„ Wilten: der Stiftsbibl. (resp. Sr. Hochw. d. Hrn. Abte *Johannes*),
„ Wolfenbüttel: der herzogl. Bibliothek,
„ Zürich: der Bürgerbibl. (resp. Hrn. Dr. *J. Horner*),
„ Zwetl: der Stiftsbibl. (resp. Hrn. P. *Julius Zelenka*).

Ganz besonders verpflichtet bin ich aber dem Herrn Regierungsrath *Albert Cámesina Ritter von San Vittore*, welcher mir mit seinem umfassenden Wissen, seiner reichen Erfahrung stets zur Seite stand und dessen kundiger Hand mein Buch auch die artistischen Beigaben des Guldenmundt'schen Blattes und die Medaillen Nr. 1—20 verdankt. Meine Dankbarkeit soll darin ihren Ausdruck finden, dass ich Ihm, dem Senior der Wiener Topographie und kirchlichen Kunst-Archäologie, dem Verfasser der inhaltsreichen Darstellung der zweiten Wiener Türkenbelagerung, dem Herausgeber der Meldeman- und Guldenmundt'schen Holzschnitte, diese Zusammenstellung zu seinem siebzigsten Geburtstag in aufrichtiger Verehrung dediciere.

Weiter haben auf meinen besonderen Dank Anspruch, mein lieber Freund *A. Mayer*, Sekretär des Vereins für Landeskunde von Niederösterreich in Wien, Herr Custos Dr. *E. v. Franzenshuld* und Herr Hofsekretär Dr. *Carl Lind* in Wien, Herr Direktor Dr. *A. Essenwein* in Nürnberg und Herr Custos *J. Aumer* in München, welcher nicht müde wurde, mir während meines Aufenthaltes daselbst die Schätze der Hof- und Staatsbibliothek in der zuvorkommendsten Weise zu erschliessen.

Die Herren Hofrath *v. Förstemann* in Dresden, Dr. *O. v. Heinemann* in Wolfenbüttel, Direktor *De Lisle* in Paris und

Direktor *Cajetano Rosell* in Madrid haben mich (insbesondere letzterer Herr) durch ihre umfassenden Beantwortungen meiner einfachen Anfrage in nicht geringe Verlegenheit gebracht und mich für immer verpflichtet.

Endlich habe ich auch dem Ausschusse des *Altertums-Verein zu Wien* für die Ueberlassung von Illustrationsmateriale meine Dankbarkeit zu bezeugen.

Und so übergebe ich denn diese Bibliographie, nicht ohne früher noch um eine nachsichtige Beurteilung derselben zu ersuchen, der Oeffentlichkeit, in der besten Absicht und mit der Hoffnung, dass sie für eine dereinstige quellenmässige Geschichte Wiens ein kleiner Baustein sein werde.

W i e n, im Frühlings-Aequinoctium des Jahres 1876.

H. K.

EINLEITUNG.

Die grossartige Bedeutung, welche die Belagerungen Wiens durch die Türcken in den Jahren 1529 und 1683 für Wien, für unser Vaterland, für Deutschland, ja man kann sagen für Europa hatten, macht es erklärlich, dass die Literatur über dieselben so besonders reichhaltig ist.

Allerwärts wusste man, welche Trübsal dem Westen Europas bevorstand, wenn Wien „die Vormauer des Deutschen Reiches", dieses „Bollwerk gegen den türkischen Hochmut" fiele: doch waren sich auch die Wiener dessen klar und erkannten mit rechtem Blicke die Bedeutung, den Wert ihrer Stadt; ausnamslos fanden sie sich daher auf den schlecht verschanzten Wällen ein, und während beider Belagerungen gab es nur den einen Losungsspruch:

<blockquote>
Ee Wienn dem Türcken auffgeben wur
Yeder ee leib vnd leben verlur.
</blockquote>

Damals sah ganz Deutschland mit ängstlicher Spannung auf das von Türken umlagerte Wien. hunderte von Boten wurden abgesendet, um über das Schicksal der altehrwürdigen Kaiserstadt am Donaustrome Kundschaft einzuziehen; doch sie kehrten mit magerer und überdies trauriger Zeitung heim. So verliefen Tage, Wochen, ja Monate: als aber endlich die Nachrichten von dem schleunigen Abzug der türkischen Heerschaaren eintrafen, verlangte man allgemein ausführlichere Berichte über das Ereignis und es entstanden Hunderte von Flugblättern, Broschüren, Nachdrücken und Uebersetzungen, viele bedeutungslos, doch einzelne wieder von bleibendem historischen Wert. Diese gleichzeitigen Berichte wurden im XVII. und XVIII. Jahrhundert wieder durch Nachdrücke, Um- oder Neubearbeitungen vielfach vermehrt, in der neuesten Zeit aber durch umfassendere Bearbeitungen abgeschlossen: doch leiden diese meist am Mangel einer umfassenden Quellenkenntnis.

Allerdings gab es bisher keine Zusammenstellung der bezüglichen Werke in diesem Sinne: denn, um gleich auf die **erste Türkenbelagerung** überzugehen, kann das erste derartige, weiter ausholende Werk: *J. N. Vogel's: Specimen bibliothecae Germaniae Austriacae* (Viennae 1779—83), so wertvoll dasselbe auch sonst ist, dem Fachmanne durch die geringe Quellenangabe ebensowenig genügen, als die hierauf basierende „*Literatur der Deutschen Staatengeschichte*" von *Dr. C. Gottlieb Weber*. (Leipzig 1800), oder die Zusammenstellung des Freiherrn *v. Hammer* in Hormayr's Archiv.

Bedeutend reichhaltiger ist schon das Verzeichnis des Dr. *Carl Schmit Ritter v. Tavera* in seiner *Bibliographie zur Geschichte des österreichischen Kaiserstaates* (Graz 1858, II. Band, S. 110—114); „aber selbst diese fleissige Zusammenstellung kann auf Vollständigkeit keinen Anspruch machen": zählt sie ja doch nur 43 Nummern, während die vorliegende Bibliographie (inclusive der Nachträge) circa 140 aufweist. Ich bin mir aber bewusst, dass auch meine Zusammenstellung noch grosse Lücken ergeben wird: wie viele gleichzeitige Broschüren, Flugblätter, und Gedichte mögen noch ungekannt in den verschiedenen Sammlungen verborgen sein, doch hoffe ich, dass sie zu deren Aufsuchung und Veröffentlichung anregen wird.

Wenn wir nun zur kritischen Beurteilung der *gleichzeitigen Berichte* übergehen, haben wir unstreitig der Relation des *Peter Stern v. Labach* den grössten Wert beizulegen: einmal war sie unmittelbar nach der Belagerung und über besondere Aufforderung geschrieben, und dann war es Stern v. Labach in seiner Eigenschaft als Kriegs-

Secretär leicht, über alle Ereignisse in und um Wien die genauesten Daten zu geben und seiner Broschüre ein Verzeichnis aller Befehlshaber etc. beizufügen.

Dass Stern v. Labach's Arbeit schon in den Jahren 1529 und 1530 als die beste angesehen wurde, beweist unter anderen ihr Nachdruck durch N. *Meldeman* in Nürnberg; noch deutlicher spricht für deren Wert die dritte im Jahre 1590 in Dresden veranstaltete Auflage, sowie das Factum, dass sie allen neueren Bearbeitungen als Grundlage diente.

Nicht minder wertvoll ist die Brochüre: *Ain gründtlicher vnd warhaffter bericht* etc. (Nr. 43), durch die gewissenhafte Aufzählung und ihren Anhang. *Hormayr* benützte sie in seiner Geschichte Wiens hauptsächlich bei der Darstellung der Belagerung, bekräftigte aber ihren Wert auch noch durch den Wiederdruck im Taschenbuche des Jahres 1842.

Die gleichzeitige Beschreibung *Paul Pessel's*, welcher Kaiser Ferdinands I. Herold war, wurde erst 1590 durch den Druck bekannt; sie verdient hier ebenso erwähnt zu werden, als die vielfach nachgedruckte und übersetzte anonyme Relation: *Viennae Austriae urbis nobilissimae* etc. (Nr. 36) und der „*Grundige vnd warhaffte Bericht des Hanns Lutz*" zu Regenspurg.

Die Brochüre „*Belägerung der Stat Wien*" (Nr. 53) wurde ebenso oft nachgedruckt, als jene magere und kurze Aufzählung der Tages-Ereignisse: *Turkhen belegerung der Stat Wien* (Nr. 46). Die anderen gleichzeitigen Relationen sind grösstenteils Auszüge aus den bisher erwähnten, öfters auch nur erfundene Geschichten und daher nur mit grosser Vorsicht zu gebrauchen.

Unter den *neueren Bearbeitungen* dürfen nur wenige auf Gediegenheit Anspruch machen; bis auf *Fuhrmann* herunter werden die gleichzeitigen Relationen (gewiss nicht zu ihrem Vorteile) einer Ueberarbeitung unterzogen, und erst dieser Geschichtschreiber Wiens versuchte seiner Darstellung dadurch Wert zu verleihen, dass er mehrere gleichzeitige literarische Quellen vergleicht. Für *Fuhrmann's* Zeit mag die Geschichte dieses Ereignisses recht brauchbar gewesen sein, für die Jetztzeit aber, die ganz andere Anforderungen stellt, genügt sie ebensowenig, als die Bearbeitungen von *Uhlich* und *Hormayr*. Auch des *Freiherrn von Hammer* meist aus orientalischen Quellen geschöpfte Arbeit kann noch immer für keine Geschichte der ersten Wiener Türkenbelagerung gelten; über dieses Ereignis besitzen wir eben noch keine fachkundige Arbeit. Vielleicht bringt das Jahr 1879 eine solche; dass es an Materiale nicht fehlt, beweist die vorliegende Bibliographie.

Im XVI. Jahrhundert blühte der deutsche Volksgesang; er wurzelt in allen Erscheinungen des Lebens und steht zu Passions- und Fastnachtsspielen, auch zum Meistergesang und vielfach zur Geschichte in nahen Beziehungen, und es gieng daher kein Ereignis vorüber, ohne dass ein eifriger Spruchdichter ein Lied darauf reimte, das dann in ganz Deutschland in „*Bruder Veytten's*" ton oder nach anderer Weise vom Volke gesungen wurde.

Ueber die I. Wiener Türkenbelagerung wurden mir 12 solcher Lieder bekannt: vor Allem verdienen hier des *Hans Sachs* Reime erwähnt zu werden, sein Anteil an der Literatur der Wiener Türkenbelagerung ist kein geringer: wir haben zunächst die Lieder Nr. 110, 113 und 115 zu verzeichnen. hieran reihen sich die Verse zu den von Meldeman und Guldenmundt angefertigten Holzschnitten.

Wenn wir aber im Liede historische Treue suchen, dann ist das *new Lied* (Nr. 117) vorerst zu nennen, denn eine gewissenhaftere Aufzählung der Tagesereignisse kann auch unter den gleichzeitigen prosaischen Schriften nicht gefunden werden. Noch verdienen die Lieder des *Daxbach* und *Thaw* einige Beachtung.

Unter den *gleichzeitigen bildlichen* Darstellungen sind die Holzschnitte des *Meldeman* und *Guldenmundt* allem vorzuziehen. Die Rundansicht *Meldeman's* ist nicht nur eine der wichtigsten Quellen zur Topographie unserer Stadt, sie ist es auch für die Geschichte der Türkenbelagerung, und ein Blick auf dieses Bild unterrichtet oft mehr, als stundenlange Lectüre. Die mitunter trefflich gezeichneten Bilder des *Guldenmundt* sind auch ihrer ungemeinen Seltenheit wegen zu schätzen; eine ganz niedliche Zeichnung ist jene des *Barthel Beham*.

Was nun alle diese Produkte des XVI. Jahrhunderts so besonders anziehend macht, ist ausser ihrem geschichtlichen Werte noch die köstliche Naivität, sowie der ergötzliche, echt deutsche Humor in Bild und Wort.

Für die **zweite Belagerung aus dem Jahre 1683** genügen die bisherigen bibliographischen Zusammenstellungen noch weniger, als für die erste.

Das schon früher citierte Werk *Vogel's* zählt nur wenige einschlägige Arbeiten auf, ebenso ungenügend ist des Freiherrn *von Hammer* Zusammenstellung in Hormayr's Archiv, da sie nur gegen 40 Werke umfasst.

So gut es sich nun durchführen liess, ordnete ich bei den *gleichzeitigen Relationen* von 1683 die einzelnen Bücher nach ihrem wissenschaflichen Werte, so dass die wichtigen Quellenwerke wie: *Vaelkeren, Hocke, Ghelen* und *Ruess* voranstehen, die minder bedeutenderen sich ihnen anreihen. Die neueren Bearbeitungen stellte ich hingegen nach dem Jahre ihres Erscheinens zusammen; unter ihnen sind die quellensicheren Arbeiten von *Uhlich* und *Englestoft*, die kleineren Vorarbeiten von *Hammer, Hormayr* und *Schimmer* zu bemerken. Die vollste Beachtung verdient aber *v. Cámesina's* treffliches Werk, besonders wegen des reichlichen Quellenmaterials.

Bald nach der Schlacht am „Sonntage der göttlichen Vorsehung" des Jahres 1683 vindicierte man allgemein dem Könige Sobiesky von Polen den Sieg über die Türken, sprach man nur von dem Entsatze der Stadt Wien durch ihn, übergieng aber dabei die glorreichen Thaten der sächsischen und baierischen Armeen vollends.

Wol erschienen schon im selben Jahre einige Brochuren (Nr. 192—196), welche den Sachsen das Recht des Anteiles am Siege zuerkennen wollten, aber sie blieben unbeachtet und Sobiesky galt bis zum Jahre 1831 für den Befreier Wiens. In diesem Jahre erbrachte nämlich *Lochner* die kritischen Beweise, dass die sächsischen und bairischen Armeen einen Hauptanteil an dem Entsatze Wiens haben; die neueren Forschungen *v. Cámesina's* haben dies nunmehr in umfassender Weise festgestellt.

Die *gleichzeitigen Gedichte und dramatischen Bearbeitungen* sind alle im überschwänglichen Style der Zeit gehalten, nur wenige dürfen grössere Beachtungen beanspruchen, so: *Feigius* Adlers-Krafft, eine genaue Aufzählung der Tagesereignisse; die massenhaften Spottgedichte auf Kara-Mustapha bewogen aber schon 1684 einen Kritiker, gegen diese „Charteqven" anzukämpfen. (S. Nr. 276).

Von den bildlichen Darstellungen verdienen, weil wichtige topographische Quellen, die Arbeiten von: *Schmidt, Camuccio, Anguissola* und *Suttinger*, als künstlerisch vollendete Blätter die Radierungen des *Romain de Hoogh* genannt zu werden.

Die Anordnung meines Buches bedarf wol keiner weiteren Besprechung; nach mehrfachen Versuchen musste ich sie als die zweckmässigste annemen. Dass ich die neueren Gedichte, dramatischen Bearbeitungen sowie novellistischen Erzählungen und Romane übergieng, wird man mir schwerlich zum Vorwurfe machen: unter der grossen Zahl derartiger Publikationen (circa 160 Nummern) verdient auch nicht **eine** irgendwie Beachtung. Ebenso habe ich circa 60 Aufsätze in periodischen Zeitungen oder Tagesblättern weggelassen, da sie nur seichte Umarbeitungen bereits erwähnter Quellenwerke oder erdichtete Begebenheiten sind.

Manches Buch wird man endlich in dieser Bibliographie vermissen, das anderwärts als Quelle citiert wurde: nachdem ich mich aber überzeugt hatte, dass dieselben ausser einer flüchtigen Bemerkung am Titelblatt nichts mit der Geschichte der Türkenbelagerung zu thun haben, musste ich sie selbstverständlich unbeachtet lassen.

I.

1529.

Gleichzeitige Relationen und deren Nachdrücke.

1 (**Stern.**) *Belegerung der Statt Wienn | jm jar | Als man zallt nach Christi gepurt | tausent fünffhundert vnnd im newnund zwaintzigisten beschehen kürtzlich angetzaiget.* Darunter das ungarische und böhmische Wappen. 4°. 4 Bogen ohne Paginierung. Blatt 2. Die Zuschrift an den Verwalter der Obristen Veldhauptmanschaft etc. Unterschrieben *Datum Wienn dem xij. |tag Nouēbris. Anno M. D. xxjx. Peter Stern v. Labach. Kü. Ma. Lateinischer Kriegss secretarij.* Blatt 3. b. *Anfenngklich | als man zalt nach Christi vnsers hailmachers geburt etc.* Nach Erzählung der Ereignisse in Wien vom 22. September bis 25. Oktober folgt auf Blatt 15 und 16 ein kurzes Verzeichnis aller Befehlshaber. Am Schlusse: *Mit Kü. May. Gnad vnd Priuilegien. Getruckht zu Wienn˙ jn Gsterreich | (sic) durch Hieronymum Vietorem. Anno etc. M. D. xxjx.* Am Rande des Blattes 14 a, ist das treue Facsimile der Unterschrift und des Siegels Ibrahim Pascha's. Blatt 1 b und 16 b sind unbedruckt.

Beschrieben in Denis „Buchdrucker Geschichte Wiens" S. 280 u. f. Vollständiger Neudruck in Weiss-Camesina „Meldemans Rundansicht" Wien 1863. Titelreproduction v. Camesina als fliegendes Blatt.

Wiener Universitätsbibl. Austr. spec. I. 316. — Wiener Stadtb. I. 1298. — Bibl. Haidinger in Wien 1495. — Bibl. des Stiftes Heiligenkreuz in Niederösterreich VII. D h 26. — Münchner Hof- und Staatsb. Turc. 81/20 4°. — Nürnberger Stadtb. 369 d. 4°. — Königl. Bibl. zu Berlin. Histor. Flugsch. XVI. d. Spr. Nr. 5. Eine Abschrift davon aus dem 17. Jahrh. in der Stiftsb. zu Göttweig. Cod. Ms. 740 (rot 27) pag. 181 –301. — Denis kannte nur das Exemplar in der Stiftsb. zu Klosterneuburg.

Werke des Nicol. Meldeman in Nürnberg.

Nicol. Meldeman 2 Formschneider und Briefmaler fertigte im Jahre 1530: *Der stadt Wien belegerung | wie die auff dem hohen sant Steffansthurn allenthalben gerings vm die gantze stadt | zu wasser vnd landt mit allen Dingen anzusehen gewest ist | Vn̄ von einem berump-*

ten maler | der on das auff s. Steffans thurn in der selbē belegerung verordent gewest ist | mit gantzem Fleiss verzeychnet vnd abgemacht | gescheen nach Christi geburt M. ccccc xxjx. vnd im xxx. in truck gepracht. Ein Holzschnittwerk in sechs Blättern, die zusammengelegt circa 80 cm. hoch und 90 cm. breit sind. Dieser Holzschnitt zeigt uns in Form einer Rundansicht die Stadt Wien mit den Mauern und Türmen. In der Mitte der Stadt präsentiert sich „St. Steffansthumkirchē mit dem hohen thurn | auff welchem man scheinbarlich gesehen hat | die gantz belegerung des Turcken geringss vm die stat zu Wasser vn̄ landt | vnn also auff dem thurn | diese visirung abgemacht, vn̄ verzeichent ist worden in zeit solcher belegerung" Die durch die kreisrunde Form der Zeichnung leer gebliebenen Ecken sind folgendermassen ausgefüllt: In der obern (heraldisch) rechten Ecke sind der oben angegebene Titel und das ungarische Wappen, links das böhmische Wappen, unten rechts der österreichische Bindeschild, sowie das niederösterreichische Wappen, endlich links das Wappen der Stadt Wien, daneben in einem Kranze die Worte: „Gemacht zu Nuremberg durch Niclassen Meldeman brifmaler bey der langē prucken wonhafft | nach Christi geburt M. ccccc. xxx. Jar. MM."
Die vorzüglichsten Gegenstände und Szenen sind durch im Stocke selbst geschnittene Sätze erläutert.

Ich habe dieses, sowie die nächst folgenden Stücke ausführlich beschrieben in meinem Aufsatze: *Der Anteil der Nürnberger Briefmaler Guldenmundt und Meldeman an der Literatur der ersten Wiener Türkenbelagerung.* Siehe: Berichte und Mitteilungen des Wiener Altertums-Vereines 1875.

Originale dieses ebenso seltenen als interessanten Holzschnittwerkes haben sich nur drei erhalten, und zwar befindet sich nach einer gütigen Mitteilung der General-Verwaltung der königl. Museen zu Berlin ein vollständiges Exemplar in den *Sammlungen des königlichen Kupferstich Cabinets* daselbst (Höhe 81 cm. Br. 90 cm. Das Exemplar stammt aus der Sammlung des verstorbenen Staatsministers von Nagler), das zweite Exemplar ist in Dresden, das dritte im Nachlasse des verstorbenen Dr. v. Karajan in Wien.

Von dieser Rundansicht gab es auch eine zweite Ausgabe. Zwei Blätter derselben (Nr. 1 und 2 der oberen Reihe) gelangten im Jahre 1856 an das Germanische Museum in Nürnberg. Siehe darüber *Belagerung der Stadt Wien. Holzschnitt von N. Meldeman* im Anzeiger F. Kunde d. deutsch. Vorzeit 1856. Sp. 43. Der in diesem

5 Aufsatze nicht angegebene Titel lautet: *Warhafftige Contrafactur der Löblichen und Weit berühmbten Hauptstadt Wienn in Osterreich | sampt derselbigen gelegenheit | Kayser Soliman in eigner Person aus einem mechtigen Volck vnd Gewalt | Anno 1529 an S. Matthie Abend belegert | vmb vnd vmb | zu Wasser vnd Land Auch wo er sich vnd seine Wascha allenthalben in die Landschafft gelegert | die Stadt mit grossem Schiessen | Sturmen | Graben Tag vnd hülff | auch Manlichen Widerstand | so sie dem Erbfeind gethan | erhalten haben | Ist auss diser Contrafactur sampt dem Bericht so dazu gehört | genugsam zuuernemen.* (Signatur des Germ. Museums H. B. 215.)

Ich konnte die beiden Blätter mit dem Originale Meldeman's nicht vergleichen, eine Prüfung mit der Reproduction Camesinas führte aber nicht zu dem gewünschten Resultate: ob nämlich zu dieser zweiten Ausgabe des Meldeman'schen Holzschnittes auch ein neuer Stock gefertigt wurde. Ich bezweifle das letztere.

Dem unermüdlichen Fleisse und der kundigen Hand des Regierungsrathes v. Camesina verdanken wir eine genaue Nachbildung des Meldeman'schen Original Holzschnittes. Sie erschien unter dem
6 Titel: *Niclas Meldeman's Rundansicht der Stadt Wien während der ersten Türkenbelagerung im Jahre 1529. Herausgegeben von dem Gemeinderathe der k k. Reichshaupt- und Residenzstadt Wien. Auf Stein gezeichnet von Albert v. Camesina . . . . mit einem erläuternden Vorworte von Carl Weiss . . . Wien 1863.* (Zweite Auflage 1869. Sechs Blätter in Farbendruck und 1 Heft VIII und 41 SS. in Folio.)

Renzens. Mitteilungen der k. k. Central-Commission 1863. 119. — Anzeiger für Kunde d. d. Vorzeit 1864. 111.

Camesina hatte schon ein Jahrzehnt vor dem Erscheinen dieses Werkes die Rundansicht lithographiert (coloriert wurde sie nach dem Exemplar in Dresden). Im Jahr 1863 bot er dem Gemeinderathe die ganze Auflage von 300 Exemplaren als Geschenk an, wofür ihm jener als Gegengeschenk einen, nach dem Entwurfe des Dombaumeisters Schmidt gefertigten, silbernen Ehren-Pokal überreichte. (Siehe Waldheim's Illustrierte Blätter, Wien 1863, S. 841.)

Im Textbuche findet sich der Wiederabdruck der Relationen des Stern von Labach (Nr. 1), Meldeman (Nr. 9), Stoeckel (Nr. 10), die Widmung des Meldeman (Nr. 7) und jene des Lutz (Nr. 34).

Meldeman, der nur auf besondere Verwendung des Nürnberger Stadtrathes in Wien ein Bild der Belagerung erhalten konnte, widmete dann aus Dankbarkeit seinem Stadtrathe dieses Holzschnitt-
7 werk. Die Widmung selbst erschien unter dem Titel: „*Ein kurtzer Bericht vber die recht wahrhafftig Controfactur | Türckischer belegerung der Stat Wien | wie dieselbige anzusehen unnd zu versteen sey welche zu Rhum | preyss | lob vnd ehr gantzem Romischen Reichs | gemayner Ritterschaft | vn̄ insonderheyt einem erbern Rath der Stat Nürnberg | durch Niclas Meldemann yetzt verfertigt | gedruckt unnd aussgangen ist.*" (4°. 4 Blatt.)

Dieses Stück enthält die Widmung an den Nürnberger Stadtrath, nebst einer sehr kurzen Erklärung des Holzschnittes. Am Schluss desselben sagt Meldeman, dass noch vieles zu erzählen wäre; da er aber eine grössere Erklärung herausgegeben, so verweise er auf diese. (Siehe Nr. 9.)

Ich fand diese Widmung: K. k. Hof-Bib. 64. H. 29 (10). — Münchner Staatsb. Turc. 81 (23 4°). — K. ö. Bibliothek zu Dresden H. urb. Germ. 1164, 12. — Bibliothek Haidinger in Wien 1497. Sammlungen des königl. Kupferstich-Cabinets zu Berlin. — Herzogl. Bibliothek in Wolfenbüttel 188· Quodl.

8 Das Stück ist wörtlich und gut abgedruckt in *Hormayr's Taschenbuch für vaterländische Geschichte 1842 (pag. 327)*, sodann auch in Camesina-Weiss „Meldeman's Rundansicht" im Anhang.

9 Die Relation, auf welche Meldeman im Schlusssatze seiner Widmung verweist, ist folgende: „*Warhafftige handlung | Wie vnd welchermassen der Türck die Stat Ofen vnd Wien belegert | Erstlich durch Kön Mayt zu Hungarn vnd Beheim | etc. Kriegs Secretari | Herrn Petern Stern von Labach kürtzlich begriffen vnd beschrieben | Nachuolgend durch Nicolausen Meldeman | Bürger zu Nüremberg | mit merer anzeigung | was von tag zu tag sich zugetragen hat | aus angeben deren | so von anfang mit vnd dabey gewesen sind | vn erlengert | sampt einer cōtrafactur der stat Wien aussgangen, 1530*", darunter ein änliches Wappen wie bei Nr. 1. 4° 16 Blatt, letzte Seite unbedruckt.

Wie schon aus dem Titel entnommen werden kann, ist sie der nur teilweise veränderte Nachdruck der Relation des Stern v. Labach (Nr. 1). Die Veränderungen lassen sich bei Camesina Weiss (l. c.) genau verfolgen, wo das Stück wörtlich abgedruckt wurde.

Im Original zu finden: Münchner Staatsb. Turc. 81 (30 4°). — Bibliothek Haidinger in Wien. 11113.

10 Ueberdies erschien bereits 1595 als Nachdruck: *Alte vnd Newe Zeitunge | Erstlich die Geschieht vn Historia von der Stadt Wien in Osterreich | wie dieselbige vn dem Türckischen Tyrannen Solimanno, im Jahr nach vnsers Seligmachers geburt 1529, mit einem mechtigen Heer belegert | vnd der Feind durch Gotteshülffe vnd manliche gegenwehr | wieder abgetrieben ist worden etc. etc.* darunter ein roher Holzschnitt die Belagerung vorstellend. 4⁰ 40 Blatt o. P.

Auf Blatt 13a die eigentliche Titelanzeige: *Warhafftige handlung | wie vnd welchermassen der Türck die Stat Ofen vnd Wien belegert | Erstlich durch Kön Mayt zu Hungern vnd Beheim etc. Kriegs Secretari | Herrn Peter Stern v. Labach kürtzlich begriffen vnd beschrieben | Nachfolgend durch Nicolaum Meldeman | Bürger zu Nürenberg | mit mehrer anzeigung | was von tay zu tag sich zugetragen hat | aus angeben deren | so von anfang mit vnd dabey gewesen sind | gemehrt und erlengert | im Jahr 1530,* darunter der österr. Doppeladler. Dieser Nachdruck reicht bis Blatt 32b.

Auf Blatt 33a „*Kurtzer Bericht | wie alle Sachen in Siebenbürgen zwischen dem Fürsten Sigmund Bathari, vnd etlichen Verräthern | Anno 1594 fürgelauffen. Am Schlusse Dressden | Gedruckt bey Matthes Stöckel | MDXCV.*"

Ebenfalls abgedruckt bei Camesina-Weiss „Meldeman's Rundansicht."

K. k. Wiener Hofbibl. S. A. 9. B. 8.

11 *Die recht warhafftige Contrafactur der statt Wienn vnd des Türcken belegerung rings weis vm die gantz stat, zu wasser vnd zu land wirt gemacht auff sechs pogen, vnd allenthalben angezeygt an welchem ort ein yedes leger gelegen ist, mit sampt den scharmitzeln, wirt man finden zu kauffen mit sampt diesem Büchleyn, das jch hab lassen trucken, bei Niclas Meldeman Brieffmaler zu Nürmberg, bey der langen prucken wonhafft, hab auch dieselben gemelt Contrafactung zum teyl selber gesehen und erfaren.* 4 Blätter. So zeigt Hammer in der Quellenangabe seiner „Geschichte der ersten Türkenbelagerung" unter Nr. 3 ein Werk an, und fügt in der Anmerkung hinzu „Diese vier Blätter sind nur eine Erweiterung der in Peter Stern's Werke enthaltenen Beschreibung der sechzehn türkischen Lager um Wien. Dieselben befinden sich zu Wien nur in der Bibliothek Sr. Durchlaucht des Herrn Fürsten von Metternich."

Aus Hammer gieng dieser Titel in Schmitt-Taveras Bibliographie zur Geschichte des österr. Kaiserstaates (Nr. 2193) über. Ich habe hiezu Folgendes zu bemerken: Das letzte (16.) Blatt des von Meldeman erweiterten Nachdruckes der Relation des Stern v. Labach (die Nr. 9 d. v. Bibliographie) enthält auf Seite *a* einige Zeilen Text und darunter, weil wie schon früher bemerkt wurde, dieser Nachdruck als Erklärung der Rundansicht von Meldeman dienen sollte, nochmals die Verweisung auf diese „Contrafactur", vollkommen übereinstimmend mit dem oben angeführten Titel. Da nun die Seite *b* des Blattes 16 unbedruckt blieb, so ist es sehr leicht möglich, dass man ein defectes Exemplar der Meldeman-Stern'schen Ausgabe vollends zerschnitt, die vier letzten Blätter (enthaltend die 16 Läger etc.) mit jener (in grösserer Schrift gedruckten) Verweisung des letzten Blattes versah und so dieses eigentlich nicht bestehende Werkchen schuf.

Ich wollte mich hievon durch Vergleichung überzeugen, doch besitzt die gegenwärtig in Königswart in Böhmen aufgestellte fürstliche Bibliothek, wie mir Herr Director Prof. Rath mitteilte, das Büchlein nicht mehr.

12 Von Meldeman existierten auch eine Reihe von Bildern, die Verteidiger der Stadt Wien darstellend, wozu Hans Sachs die Verse machte. Leider sind die Blätter nicht mehr aufzufinden.

13 **Werke des Hans Guldenmundt.** *Contrafactur, wie der Türck Wien belegert, Anno 1529.* Ein Holzschnitt in Imperialfolio, unterzeichnet *Hans Guldenmundt, Briefmaler.*

Gleich Meldeman fertigte auch Guldenmundt ein Bild der Belagerung; doch durfte er das Blatt nicht ausgeben, weshalb sich nur wenige Exemplare desselben werden erhalten haben. *Regierungs-*
14 *rath v. Camesina reproducierte den Holzschnitt als fliegendes Blatt.* Derselbe zeigt uns die Stadt von der Südseite, doch begnügte sich Guldenmundt nach dem Vorbilde, welches ihm die Ansicht in Schedels Chronik bot, ein Bild von Wien zu entwerfen und dieses mit solchen Darstellungen, wie sie ihm bei Durchlesung der gleichzeitigen Relationen die Phantasie vormalte, zu schmücken. Darstellungsweise, Zeichnung und Schnitt sind in Meldeman's Werk entschieden künstlerischer.

Ich habe diese, sowie die beiden nächstfolgenden Nummern
15 genau beschrieben in meinem Aufsatze: „Der Anteil der Nürnberger

Briefmaler und Formschneider Meldeman und Guldenmundt an der Literatur der ersten Wiener Türkenbelagerung." (Berichte und Mitteilungen des Wiener Altertums-Vereines 1875.) Das einzige, *mir* bekannte Exemplar befand sich in der Bibl. des verstorbenen Dr. v. Karajan in Wien. Der Original-Stock soll aus der Derschau'schen Sammlung in den Besitz des königl. Kupferstichkabinets in Berlin übergegangen sein.

16 *Warhafftiger grundt vnnd bericht von dem Thürckischen krieg | wie es ergangen vnd gehandelt worden | in Vngarn | Osterreich | vnd vil andern vmbligenden Gegenden vnnd Flecken etc. Mit sampt dem absag brieff | So der Thürckisch Keyser | Künig Ferdinando etc. vberschickt | des jars tausent funffhundert vnnd im neunundzweyntzigsten | auff das kürtzigst angezeygt. Auch von etlichen wunderzeychen | so verschyner zeygt zu Wien in Osterreych | im landt zu Behem | im Westerreych | vnnd anderer Nation am Hymmel erschynen vnnd gesehen sind etc.* Darunter ein Holzschnitt (Kampf zwischen Türken und Landsknechten, im Hintergrunde eine Stadt mit hohem Turme). Der Schnitt zeigt eine geübte Hand, doch ist die Zeichnung roh. 10 Blatt in 4°. o. P. Blatt 1 a. *Die Wunderzeychen so zu Wien in Osterreych am Hymmel | von allermenig funff tag ēn nache scheynbarlich gesehen worden | des jars 1520 auff den dritten | vierdten | vnd funfften | des Jenners etc.* Darunter die Abbildung dieser Himmelserscheinung. Es ist eine Nachbildung des gleichzeitigen durch Joannem Syngriener in Wien gedruckten Flugblattes. (Vergl. meinen Aufsatz im Jahrgang 1875 d. Berichte und Mitteilungen des Wiener Altertums-Vereines.) Blatt 2 a, eine Einleitung, sodann auf Blatt 2 b unten:
Der absag brieff oder sendtprieff | den der Thürckisch Keyser Ferdinando Künig zu Vngern vnd Böhem | Ertzherzogen in Osterreich etc. vberschickt. Blatt 3 a. *Die Belegerung der Stadt wien vnd wie es ergangen ist.* (Tagebuchform, doch gut geschrieben.) Endlich *Die Wunderzeychen | so in dem land zu Böhem vnd Westerreych erschynen.* Darunter die Abbildung in Holzschnitt. Am Schluss. *Gedruckt zu Nürmberg durch Hans Guldenmundt.* (s. a.) Dieses Stück scheint eine Art Erklärung der vorstehenden Nummer zu bilden. Titelblatt und die Wunderzeichen reproducierte v. Camesina als fliegendes Blatt.

K. k. Hof-Bibl. S. A. 62. C. 94. — Münchner Staatb. Turc 81/25 4°. — Königl.

Kreisbibl. in Regensburg. — Bibliothek Haidinger in Wien 1496. — Universitätsbibl. Erlangen. Hist. (97ʰ).

Die nachfolgenden 15 Blätter über das türkische Heer von Wien wurden von Guldenmundt 1529 in Holz geschnitten und als 17 Flugblätter herausgegeben. Heller beschrieb sie in seinen *Zusätzen zu Adam Bartsch's: Le peinte graveur Nürnberg 1854. S. 55—58.* Neuerdings hat sie Regierungsrath v. Camesina genau facsimiliert 18 und beschrieben in dem Aufsatze: *Fliegende Blätter über das Türkische Heer vor Wien im Jahre 1529 von Hans Guldenmundt. Besprochen und herausgegeben von Albert Ritter v. Camesina* (Mitteilungen des Wiener Altertums-Vereines 1875 S. 106 uff.), auf welche Arbeit ich besonders verweise.

Die Originalblätter haben eine Höhe von circa 36 cm., eine Breite von circa 25 cm. und sind von verschiedenen Künstlern gezeichnet. Die Blätter 1—8 sind besonders schön ausgeführt; wogegen die andern nur in rohen Strichen, offenbar von demselben Zeichner des grossen Guldenmundt'schen Blattes, gefertigt wurden.

Die den Bildern (in Typen) aufgedruckten Reime, welche auch einmal mit „H. S. S." unterzeichnet sind, schrieb Heller dem Hans Sachs zu, welches später bezweifelt wurde. Da jedoch Hans Sachs diese Verse eigenhändig in die (gegenwärtig im städt. Archive zu Zwickau aufbewahrte) Sammlung seiner Werke eintrug, ist die Autorschaft des Hans Sachs gewiss.

Eine vollständige Collection befindet sich nach meinem Wissen nur im Besitze Sr. Excellenz des Herrn FZM. v. Hauslab in Wien. Hier folgt die Beschreibung nach den Reproductionen v. Camesina:

19 *Kayser Suleiman.* Zu Pferde, nach rechts gewendet, hält in der rechten Hand den Scepter, mit der linken den Zaum. Text darüber: *Absagbrieff | wie Sultan Solleyman Künig Ferdinando zu geschickt.* Darunter 11 Zeilen, sodann die Adresse *Hans Guldenmundt zu Nürnberg in Sanct Gilgengassen.*

20 *, Ibrahim Pascha.* Zu Pferde, nach rechts gewendet, in der Rechten den Commandostab, in der Linken den Zaum. Text oben: *Sendbrieff | so Ibraym Wascha | den Herrn kriegss cominissarien zu Wien mit seynem handtzeygen versygelt | zu geschickt.* Darunter 6 ganze und 16 gebrochene Zeilen, nebst der Unterschrift Ibrahim Pascha's und seinem Siegel. Unter dem Bilde: *Brachim Wascha der nechst des turckischen Keysers | Rath abconterfect* und in

2 Columnen: *Brahim Bascha der nechste rath*
Der Kayserlichen Mayestat
In allen sachen der Türckey
Vnd ist gewesen mit vnd bey
Als Wien die Stadt belegert wart
Vnd ist geritten auff die art
Mit aller kleydung die er dregt
Ist er worden abconterfect.

21 *Sansaco.* Zu Pferde, nach rechts gewendet. Text oben: *Sansaco des türcken oberster Haubtman.* Darunter in 2 Columnen.

Sansaco de Gallipolis
Ist der grösst Haubtman als ich liess
In dem Thürckischen Keyserthumb
Der reyt also mit bracht vnd rhum
Bekleydet auff dise manier
In dem land Thürckischer rifier
Vnd wo der Thürck zu Felde leyt
Ist er seyn Haubtman all zeyt.

22 *Eyn Hayd.* Zu Pferde, nach rechts gewendet, hält mit der Linken den Zaum. Oben: *Eyn Heyd* und darunter in 2 Columnen.

Auss Persia byn ich geporen
Soldinus ist mein nam erkoren
Dem grossen Keyser Solleyman
Zu hoff ich all zeyt reyten than
Zu Constantinopel der Stadt
Daryn er sich gerüstet hat
Das gantze Teutschlandt zu verheren
Seyn Keyserthumb damit zu mehren.
H. S. S.

Unter dem Bilde *Hans Guldenmundt zu Nürmberg.*

23 *Ein Thürck.* Nach rechts reitend, in der Rechten die Lanze, mit der Linken hält er den Zaum. Oben ohne weitere Aufschrift in 2 Columnen. *Ich byn ein Thürck vnd nur eynspenig*
Dem grossen Keyser vnterthenig
Im Feld byn ich stetz bey jm steeken
In meyner aussgenetten hossecken
Die ist meyn harnisch vnd mein pantzer
Darunter ist meyn haut noch gantzer
Y doch in Osterreych zu Wien
Stach es mir an der goller hyn.

Unter dem Bilde. *Hans Guldenmundt.*

24 *Zwei Thürcken.* Beide nach rechts reitend, halten in der Rechten die Lanze, mit der Linken den Zaum. Oben in Typen: *Die Thürcken. Wir Mammelucken Stradiothen*
Reytten in den strayffenden rotten
Was wir fahen von meyd vnd Frawen
Ir kleyd wir ob dem knye abhawen

> Füren sie also mit vns weck
> Durch wasser kott vnd Dorenheck
> Also wir gross mütwillen treyben
> Mit junckfrawen vn junge weyben
> Die alten schlagen wir zu todt
> Dem Christen glawben zu eim spot.
> Ach weh vns armen frawen weh
> Die frawen klagen
> Nun werd wir frölich nymmermeh
> Seyt wir von den Thürckische mannen
> Ins ellend wern gefürt von dannen
> Auss vnserm Christen vatterlandt
> Von ehr vnd gut in laster sehandt
> Von ältern | men dern | kinden | freunden
> Hyn zu den Christenlichen feynden
> Nun haben wir auff erdt keyn trost
> Dy wir vom Thürcken wurn erlöst.
>   Hans Guldenmundt zu Nürmberg.

25   *Ein Türke mit zwei Gefangenen.* Nach rechts reitend, hält in der rechten Hand eine Lanze über die Schulter, worauf ein Kind gespisst ist, mit der Linken führt er an Stricken einen Mann und eine Frau: Ueberschrift *Die gefangen klagen:*
> O Herre Gott lass Dich erbarmen
> Vnser Ellendt gefangen armen
> Erwürgen sech wir vnsere kinder
> Genummen sind vns Schaff vnd Rinder
> Hawss vnde hoff ist vns verbrennt
> Vnd wir gefürt in das ellendt
> Weh das vns vnser mutter trug
> Erst müss wir ziehen in dem pflug
> Vnd Gersten essen wie die Pferdt
> Mit vnserm munde von der erdt
> Kumm grymmer todt vnd vns erlöss
> Von dem grausamen Thürcken böss.
>   Hans Guldenmundt.

26   *Türkische Tyrannei.* Das Bild zeigt zwei Türken, von welchen der eine eben das Schwert erhebt, um ein Kind entzwei zu hauen, der andere aber ein solches nach der bekannten türkischen Sitte an einen Pfahl spisst. Ein Kind steckt bereits an einem andern Pfahl; auf dem Boden liegen zwei ermordete Jungfrauen. Oben ohne weitere Aufschrift:
> Ach Herre Gott in dem höchsten thron
> Schaw disen grossen jamer an
> So der Thürckisch wütend Thyran
> Im Wiener Walde hat gethan

Ellendt ermort junckfrawen vnd frawen
Die kindt mitten entzwey gehawen
Zertretten vnd entzwey gerissen
An spitzig pfäl thet er sie spissen
O vnser hyte Jhesu Christ
Der Du gnedig barmhertzig bist
Deyn Zoren von dem volck ab wendt
Errett aus des Thürcken hendt.
    Hans Guldenmundt zu Nürnberg.

27 *Eyn Thürckischer Edelman.* Nach links reitend. Hält mit der rechten Hand die Lanze, mit der linken den Zaum. Der Säbel hängt an der rechten Seite (offenbar verkehrt am Stocke aufgetragen). Oben:

Ich byn eyn Thürckischer Edelman
Ins Kaysers Heer reyt ich voran
Hilff jm betzwingen alle welt
Lyg vber jar mit jm zu Feld
Allda treyb ich mayn ritterspiel
Des grossen prenks ist nicht vill
Von Alkeyer jch geporen byn
Wiewol ich selten kumm dahyn.

28 *Ein Renegat.* Zu Pferde nach rechts gewendet. Hält in der Rechten die Lanze, mit der Linken den Zaum. An seiner linken Schulter hängt der Schild. Oben:

In die Thürckey byn ich hyn kummen
Hab Mahomets glauben angnummen
Des haben sie mich lieb vnd werd
Geben mir rüstung vnd eyn pferd
Vnd dise Tartsch auff meynen ruck
Vnd byn eyn rechter Mammaluck
Vnd du meyn her vor abzoch
Ich mit des Keysers hauffen floch.

29 *Eyn Stradioth.* Nach links reitend, eben im Begriffe einen Pfeil abzuschiessen. Oben in zwei Columnen.

Abconterfect eyn Stradioth
Das ist auch eyn besunder roth
In den scharmützel gar geschwindt
Es rennt hynan als sey es plint
Fleücht der Feyndt hefftig es nach rennt
Besteth der Feyndt bals es sich wendt
Vnd scheüsset hynder sich vil pfeyl
Das ist eyn volch nur auff die eyl.
  Unten: **Hans Guldenmundt.**

30 *Ein Türke.* Nach rechts reitend, wendet sich nach rückwärts um einen Pfeil abzuschiessen. Oben in zwei Columnen:

> *Ich byn gerüstet auff die eyl*
> *Vnd hab geschossen vil der pfeyl*
> *Zu Osterreych in Wien die stadt*
> *Das mancher knecht empfunden hat*
> *In seynem kopff | armen | vnd brust*
> *Ydoch vertriebens vnd den lust*
> *Mit jrem geschütz auch des geleychen*
> *Das wir von dannen mussten weychen.*

31   *Ein Türke.* Nach links reitend erhebt er das Schwert zum Streiche; merkwürdigerweise haltet er dasselbe in der linken Hand, während der Schild und die Säbelscheide sich auf der rechten Seite befinden, mithin das Bild verkehrt am Stocke gezeichnet wurde. Oben in zwei Columnen:

> *Ich pin ein Türck von mein Vierannen*
> *Die Christen lewt hülff ich verpannen*
> *In Crabatten Vngern dass gleych*
> *In Crailandt vnnd in Osterreych*
> *Ich schlag sie todt wo ich sie find*
> *Es seyen man Weib oder Kindt*
> *Ein teyl füer wir mit vns darnon*
> *Die lest man vns für vnsere lon*

Unten: *Hans Guldenmundt.*

32   *Ein Türke.* Zu Pferde en profil nach rechts gewendet. Holt eben das Schwert zur Vertheidigung aus. Oben in zwei Columnen:

> *Auss der Türckey kam ich geritten*
> *Ich hab gekempffet vnd gestritten*
> *Mit manchem gutten Reütters man*
> *Der mir nicht vil doch abgewann*
> *Zu Wien lert ich erst kriegen recht*
> *Da sich dann wörtten die Lantzknecht*
> *Mit Schiessen, hawn vnde stechen*
> *Vnser Heer flüchtig müest auffprechen.*

33   *Ein Mammaluck.* Er sitzt auf einem nach links schreitenden Camel und hält in der Linken eine Ruthe in der Rechten den Zaum. Oben:

> *Ein Camelthier ab conterfect*
> *Das dem Thürcken zu felde trägt*
> *Sein krieges zeug vnd die prabant*
> *Der thier sind vil in seinem landt*
> *Das mennla hat ein puckel auff seyn ruck*
> *Darauff sitzet ein rechter Mammaluck.*

Unten: *Hans Guldenmundt.*

34   (**Lutz.**) *Grundige vnd warhafftige Bericht der geschichten vnnd kriegshandlung so sich | neben vnd vsser der Stat Wien belegerung herauss | vff dem Lande | ron des heyligen Rö. Reichs*

Obersten Veldthaubtman meinem genedigen Fürsten vnnd Herrn Hertzogen Friedrichen Pfaltzgrauen ec. bederseits gegen vnd mit den vheinden den Türckhen gepraucht zu getragen | begirlich zu horen. Darunter ein Holzschnitt (Doppeladler), nebenbei M L 1530 M. 16 Blatt in 4°, letzte Seite unbedruckt o. P. Blatt 1. b. *Allen vnd yeden | des heyligen Römischen Reichs Churfürsten, Fuersten vnd Stenden desselben Embiet ich Hanns Lutz von Augspurg yetzt zu Regenspurg.... mein vnderthenigst.... Dienst.* Blatt 2. b. *Anfenklich mag vielleicht | vilen vnd der merer theyl wissend das vergangen jar etc.* Blatt 13. b. *Hernach volgen die von Fürsten | Graffen | Herrn | Edeln | vnnd Redlichen gesellen | des kriegsvolckhs | so heresser der Stat Wien belieben vnd des vheinds halber nit hinen könt.* Am Schlusse. „*Gedruckt in der Kayserlichen Stat Regenspurg durch Paulum Khol jun. 1530.*"

Vollständig abgedruckt in Weiss-Camesina „Meldeman's Rundansicht" Seite 27—41.

Münchner Staatsb. Turc 81/26 4°. — Nürnberger Stadtb. 369/c. 4°.

35   *Tirckische belegerung der fürstlichen stat Wien | vnd wie ez darinn er gangen | Den durchleuchtigen hochgeporn Fürsten vnd Herrn Herrn Wilhelmen vnnd Ludwigen gebrüdern hertzognn in Obern vnn Nidern Bairn Pfaltzgraffen bey Rein etc. zu Eren.* Darunter ein Holzschnitt, die Belagerung einer Stadt vorstellend. Zwei Bogen in 4° o. P. O. und D.

Blatt 2 a. „*Irronimus Berlin der Rechten Licentiat etc. entbeüt Hans Lutzun von Augspurg, des heyligen Römischen Reychs Ernholdt seinen fruntlichen guet willig dinst zuuor.*" Das Werkchen bringt interessante Notizen über die Vorgänge in der Stadt. Unter den Ereignissen am 30. September wird die Gefangenname eines Türcken berichtet und sind die an ihn gerichteten Fragen aufgezählt (dieselben wie bei Nr. 43). Am Ende. „*Gebē zu Wien in Oesterreich am newnten Nouembris M. D. xxiiij*. (sic.)

Wiener Stadtb. I. 1297. — Münchner Staatsb. Eur. 411/45. 4°.

36   *Viennae Austriae urbis nobilissimae a Sultano Silcymano immanissimo Turca r. Tyranno immenso cum exercitu obsessae historia. Cum potentissimi Caesaris Caroli & inclyti Hungariae ac Bohemie Regis Ferdinandi fratrum inuictissimorum gratia & Privilegio. Anno MDXXX.* 4°. Sechs Bogen. o. P. Seite 1. Pio Lectori. S. Seite 4 beginnt der Bericht: *Anno post Christum natū*

1529 die decima mensis Aprilis imanissimus Turca r. etc.; am Schlusse: *Siluanus Ottmar excussit Auguste Vindelicorum Anno MDXXX. Pridie Idus Augusti.*

Als Verfasser dieses Stückes wurde öfters, aber irrtümlicher Weise „Diego Serava" genannt, was wol hierin seinen Grund hat, als dasselbe ihm gewidmet ist. Am Ende der Widmung unterzeichnet sich der Verfasser als: *Jnclyti Hungariae Regis Ferdinandi, Nobilium pueror. preceptor.* Man könnte das Werkchen als eine lateinische Uebersetzung der Relation des Stern v. Labach bezeichnen, denn der Autor hat den Bericht des Letzteren fast wörtlich abgeschrieben.

K. k. Hof-Bibl.. – Wr. Universitätsb. Austr. sp. I. 315. – Wr. Stadtb. I. 471. – Niederöst. Landesb. 2851. – Frankfurter Stadtb. Histor. E. IV. 51. – Münchner Staatsb. Turc 81/27 4⁰. – K. k. Bibl. in Olmütz XXXVII. d. 25. – Biblioteca National in Madrid. Auch unter meinen Kleinigkeiten. (Auct. Feil 2 fl.)

Die Relation ist wörtlich nachgedruckt unter dem Titel:

37 *Historia Viennae Austriacae a turcis obsessae conversa dvdem e lingua germanica* in den: Annales Svltanorvm Othmanidarvm, *a* tvrcis sva lingva scripti (sic). *Hieronymi Beck a Leopoldsdorf,* Marci fil. studio & diligentia Constantinopoli aduecti MDLI. Dino Ferdinando Caes. Opt. Max. D. D. iussuque Caes. a *Joanne Gaudier* dicto Spiegl, interprete Turcico Germanice translati *Joan. Leunclavius* nobilis Angrivarius, Latine redditos illustravit & auxit, vsque ad annum 1588. Cum omnium memorabilium, toto opere contentorvm, acuratissime elaborati Indicis accessione: editio altera Francofvrdi Apud Andrae Wecheli heredes, Claudium Marnium & Joan. Aubrium 1596 Fo. (Seite 243—259.) Sodann auch bezeichnet:

38 *De Viennae Austriae vrbis obsidione a Solymanno Turcarum Imperatore suscepta. Anno Christi MDXXIX. Narratio Historica* in Nicol. Reusner: „Rerum Memorabilium etc." Frankfurt 1602.
39 (Seite 54—72). Unter gleichem Titel auch in *Schardius redivivus* sive rerum germanicarum script. varii olim a Sim. Schardio in 4 Tomos collecti. Gissae 1673 Fo. (Tom. II, Seite 237—248).

40 •Weiters in *D. Tobias Wagners* Revidirtes und mit vielen Anmerkungen vermehrtes Türken-Büchlein etc Ulm 1664. Endlich findet 41 sie sich in französischer Uebersetzung als: *Le premier Siège de Vienne par Soliman Sultan des Turcs, soûs l'Empire de Charles V. l'an MDXXIX. et sa delivrance* in:

Rocoles. Vienne deux fois assiégée par les Turcs 1529 u. 1683 & heureusement délivrée.... a Leyde 1684 kl. 8° (Seite 41—113). Am Schluss der Einleitung heisst es (pag. 39): „Il m'est tombée entre les mains une Relation, fort exacte & curieuse de ce fameux Siège arrivé 54 (sic) ans avant ce dernier; Or parce que l'on en pourra faire le parallele de l'un avec l'autre: que plusieurs personnes y pourront remarquer les noms de leurs Ancetres ou parens; que leurs glorieuses actions sont de tres puissans aiguillons en des ames bien nées pour marcher sur leur pas & pour s'immortaliser comme eux dans les races futures; que d'ailleurs l'on a grand sujet de louer Dieu d'une protection si visible & si extraordinaire dont il a favorisè la Chrestienté, je pendray à tâche de faire icy un recit des deux Relations; de la premier pour ce premier Siège, de l'aquelle je me suis trouvé saisy, ajoustée aux *Annales Turques,* dont nous avons deja fait mention & traduite de l'Allemand-en Latin......." Diese „türkischen Annalen", deren Rocoles hier erwähnt, sind jene des Levnklaw (S. Nr. 37); er gedenkt ihrer in der Einleitung öfters.

42   **Ribischy.** *De re turcica ad Wiennam austriac Henrici Ribischij, Jurisconssulti, Serenissimi Ferdinandi Hungariae et Bohemiae regis etc. per Silesiam Quaestoris aerarij Epistola historialis ad clariss. uirum Henricum Stromerum Auerbachensem, Medicinarum Doctorem et Consularem Lipsensem. — Lectori:*
Quicunq' ista legis plenis ad sydera uotis — Exclama, et tales ore reuoluc preces — Christe tuos hostes dextra confunde, uolentes — Pellere te regno sanctaq' uerba tuo. Lipsiae excudebat Nicolaus Faber MDXXX. (mit 2 Beilagen.) 4°. 2½ Bogen o. P. Giebt ein Verzeichnis aller an der Belagerung beteiligten Personen. Der Brief ist jener d. Wratislaviae 22. Nov. 1529. (Schmitt-Tavera Nr. 2197.) Wien, Stadtb., I., 746

43   *Ain gründtlicher vnd warhaffter bericht | Was sich vnder der belagerung der Stat Wyen | Newlich im M.D.xxjx Jar | zwyschen denen inn Wyen vnd Torcken | verlauffen | begeben vnd zugetragen hat | von tag zu tag klerlich angezeigt vnd verfasst.* Mit Titelholzschnitt. 4°. 12 Blätter o. P. O. u. D. Letztes Blatt unbedruckt. Blatt 1 b. „*Anfenklich hat es sich begeben*" u. s. f. und bespricht in Form eines Tagebuches die wichtigsten Ereignisse. Blatt 9. a „*Wie ein Türgkischer Herr in einem Gulden stuck gefangen | Was er gefragt vnd darauff geantwort hab.*" — „Erstlich gefraget | wy viel der Thurck Büchsen auff dem Land hab etc." Blatt 10. b. „*Diss so hernach volget haben die Törcken so man*

zu Kremps gefanngen hat | bekannt" — „Der Thürckische Keyser lieg im Feld nahet bey der stat am wasser vnder der Statt gen Ofen etc."

44 Das Stück ist wörtlich und gut abgedruckt in *Hormayr's „Taschenbuch für vaterländ. Geschichte"* 1842, pag. 310—322,
45 weiters bringt *Kaltenbaeck* dieselbe Relation ohne die zwei Anhänge im „österr. Universal-Kalender Austria" f. d. J. 1844 auf Seite 67—71, jedoch in veränderter Schreibweise und ohne Angabe des Originaltitels; er bezeichnet den Wiederdruck als „*Die türkische Belagerung 1529*" (Gleichzeitige Relation).

K. k. Familien- und Privatbibliothek Juc. 782. — Münchner Staatsbibl. Türk. 81/22 4⁰. — German. Museum Nr. 6706. — Kg. Kreisbibl. Regensburg. — Bibl. des Herrn Haidinger in Wien. 1494. — Herzogl. Bibl. zu Wolfenbüttel.

46 *Turkhen belegerung der statt Wien MDXXIX.* Darunter ein Medaillonholzschnitt mit dem Porträt Sulaimann's und der Umschrift „Dy Sterck Gottes ist Aller Menschen Sigel" 1. Bogen in 4⁰. jedoch nur 4 Seiten Text. Blatt 2 a. „*Dess Türcken belegerung*" etc. „*Am xxj tag Septembris hat der Türck die Stat Wien mit grossen hauffen berennen lassen etc."* Am Ende: „*Der diese geschrifft gemacht | hat kurz abgebrochen | dann es viel ernstlicher vnd grausamlicher ergangen ist."* „*Gedruckt zu Leypzigk durch Nickel Schmidt.*"

Eine italienische Uebersetzung dieses Stückes bringt Hammer: „Wiens erste aufgehobene Belagerung" Beilage II. Seite 60 bis 63, wo es am Schlusse heisst: „Et per mi Evangelista Cala da Gomorna fatta translazione da todesco in Italiano adi 7. Nov. 1529 a hora 4 di notte in Gomorna." Vergl. die nächste Nummer.

Wr. Stadtbibl. I. 770. — Bibliothek d. Herrn Haidinger in Wien 11114. (Auct. Feil 4 fl.)

47 *Türckhen belegerung der stat Wien MDXXIX.* 1 Bogen in 4⁰. ohne Pag., letzte Seite unbedruckt. Am Ende *Gedruckt zu Nürnberg bey dem Petreo.*

Vollständiger Nachdruck der vorherstehenden Nummer.

K. k. Hofbibl. Wien S. A. 62. B. 101. — Wiener Stadtb. I. 2659. — Münchner Staatsb. Turc. 81/14 4⁰. — Nürnberger Stadtb. 369 e 4⁰. — Bibliothek Haidinger in Wien 1498. — Herzogl. Bibl. zu Wolfenbüttel 108. 17 Quodl. — (Auct. Wieser 5 fl.)

48 *Des Turcken Erschreckliche belagerung vnd Abschiedt | der Stadt Wien 1529.* Sechs Blätter in 4⁰., letzte Seite nur mit einem Holzschnitte (ein Baum). Mit Titelholzschnitt o. O. und D. Nach einer gefäll. handschriftlichen Mitteilung des Herrn Direct. Essenwein zu Nürnberg. Dieses Stück bringt bis Seite 5 den wörtlichen Abdruck der vorher verzeichneten Nummer, auf Blatt 6 den „Abschied des Türckens."

<small>Bibliothek des Germ. National-Museums zu Nürnberg Nr. 6337. — Königl. Bibl. zu Berlin.</small>

49 *Jüngste beläyerung der statt Wien in Osterreich | vnd wie es ergannyen ist mit dem Türckischen Keiser | ein klegliche vnd warhafftige Historien (sic) M.D.xxjx.* Siehe: Chronica Zeytbüch vnd geschychtbibel von anbegyn biss in diss gegenwertig M.D.xxxj jar etc. Durch Sebastianum Franke von Wörd. Anno M.D.XXXI. Seite ccxlv. bis ccxlvij. „An Sant Mathe tag des xxjx. Septemb. hadt der Türck Wien mit 2000 pferdt berennen lassen." Andere Ausgaben von Frank's Chronik 1536, 1538 und 1585.

<small>I. Ausgabe Wr. Univ. Bibl. II. univ. III. 11.</small>

50 *Türcken belegerung der statt Wien Auch wie ein Türkischer Herr ynnt einem Guldenstuck gefangen | Was der gefragt vnd darauff geantwortet hab. M.D.xxj.c.* Am Ende: Gedruckt durch Melchior Sachssen. 4 Bl. 4⁰. Nach einer gütigen Mitteilung des Herrn Bibl. Dr. O. von Heinemann in Wolfenbüttel. Scheint wol ein Nachdruck der vorstehenden Stücke. Vergleiche Nr. 35 und Nr. 43.

<small>Herzogl. Bibl. zu Wolfenbüttel 121. 1. Quodl.</small>

51 *Wie Sultan Solimann Wien in Osterreich belegert von derselben Stat mancherlay Namen, Betz, Betsch, Wetsch, Vindoniana Item vom Land Ostrikion, Betzstan, Vilag. Item kurze Beschreibung der Belägerung.* Siehe: Lewenklaw. „Newe Chronika Türckischer nation von Türck selbs beschrieben volgendts gemehrt und in vier Bücher abgetheilt. Frankfurt a. M." 1590. Fol. Seite 385 bis 390. Anfang: *Im Jar 1529 an S Mattheustag den 21. Settember hat der Türck Wien berennen lassen etc.* Nur sehr wenig veränderter Nachdruck der Relation Nr. 46.

52 *Warhafftige Newe zeyttung von der Stat Wienn | wie sie
der erschröckenlichen vnd Graussamen Macht des Thürcken auff
wasser vnd Landt belegert ec. jm MDxxviiij Jar.* Item. *Ein
Sentbrieff so Emerich Wascha des Thurcken öbrister velt haubt-
man | den öbristen vnd haubtleütten in der Stadt zugeschückt hat.
Auch ein schöner Spruch wie graussamlich der wuetrich mit
den ellenden Christen | Schwangern weybern | vnd den klaynen
vnschuldigē Kindlein vmbgangen ist.* Darunter ein Holzschnitt
(Kampf, im Hintergrunde eine Stadt mit hohem Turme). Acht
Blätter in 8° ô. P. Blatt 1 b unbedruckt. Blatt 2 a. *Der Thürcken
belegerung | der Stadt Wienn | des Ein vnd zweyntzigisten tags
Septembris.* Folgt nun der genaue Nachdruck der Relation Nr. 46.
Blatt 5 a. *Ein sentbrieff.* Blatt 6 a. *Ein schöner Spruch vō dem
Thürcken gemacht Durch Sebastian Thaw vn̄ Valten Sparhack:*
„*Nu mercket hy zu dyser Frist
Wie es zu Wien̄ ergannyen ist
Vnd sich die selben Landssknecht frum
Gehalten haben vmb vnd vmb
Der hochgelobet adel frey
Gar tapffer auch dy Reitterey.*"
153 Zeilen. Am Schlusse: *Getruckt zu Regenspurg durch
Paulum Khol.* Der Spruch ist abgedruckt in Schimmer's „Wiens
Belagerungen" Seite 133—139.
Münchner Staatsbibliothek Turc. 81/18 4°.

53 *Die Belägerung der Statt Wien in Osterreych | von dem
aller grawsamesten Tyrannen vnnd verderber der Christenheit
dem Türckischen Kayser genannt Sultan Solimayn. Newlich
beschehen. Im Monat September des 1529.* Darunter ein schöner
Titelholzschnitt (Gefecht zwischen geharnischten Rittern und Türken).
8 Blätter in 4°., letzte Seite unbedruckt o. P. O. und D. Der Titel
mit ornamentaler Umrahmung. Blatt 1 b. *Als die Türgken Ofen
vnd anders im Hungerland eroberten ec.* giebt dann eine selbstständige Aufzählung aller Begebenheiten. Am Schlusse: *Also habē
die vnsern dabey Herr Hanns Cacianer gewesen, die türgken in
die Flucht gebracht, vnn deren etliche erstochen. Darunder auch
Herr Wilhelm von Herberstein ain arm abgefallen, vnnd sonst
der vnser nur einer belieben.* Vergleiche die zwei folgenden Stücke.
K. k. Hofbibl. 23 C. 30. — Münchner Staatsb. Turc. 81/17 4°. — German.
Museum Nr. 6705. — Herzogl. Bibl. in Wolfenbüttel 188 Quodl. — Königl. Bibl.
zu Berlin.

54 *Die Belegerung der Statt wien in Osterreich | von dem aller grausamsten Tyrannen und verderber der Christenheit dem Tyrckischen Keyser | genandt Sultan Solimayn | Newlich beschehen | Im Monat September des MD.xxjx. Jars.* Darunter ein kleiner von dem vorher genannten verschiedener Holzschnitt. Sechs Blätter in kl. 4°, o. P. O. und D. Nachdruck der vorstehenden Nummer.

Münchner Staatsb. Turc. 81/19 4°.

55 *Die Belegerung der Stat Wien in Osterreich | von dem allergrawsamesten Tyrannen vnd verderber der Christenheit | genant der Türgkisch Keyser | Newlich beschehen | In dem Monat Septembri des MD.xxjx.* Der in der Mitte des Blattes gedruckte Titel ist von breiten Holzschnittornamenten umrahmt: auf einem derselben ist die Jahrzahl 1519 zu lesen. 8 Blätter in 4°., o. P. Die letzten drei Seiten unbedruckt. Dritte Ausgabe der Nr. 53.

Münchner Staatsb. Turc. 81/16 4°. — Herzogl. Bibl. in Wolffenbüttel.

56 *Türckische belegerung Warhafftigen bericht | wie es den vergangenen Herbst | in disem xxjx. Jare verschinen | Mit dem grausamb Feyndt | des Christenlichen namens vnd glaubens | Dn̄ Türcken in Hungarn vnd Osterreich | zugangen vnd gehandelt worden | Durch einen so zum theyl | bey vnnd mit der sach gewesen | grundlich angezeygt.* Darunter ein Holzschnitt mit der Unterschrift „*Wolff Hanna | Türckischer Kayser.*" 4°. Nach einer gefäll. Anzeige des Herrn Regierungsrathes R. v. Camesina. Mir unbekannt. Titelreproduction v. Camesina.

57 *Türckische Belegerung der statt Wienn So den vergangen Herbst | in disem xxjx Jare verschinen | vnd ergangen hat.* Darunter ein Holzschnitt, einen Türken darstellend, welcher eben im Begriffe ist, ein Kind entzwei zu hauen; ein anderes Kind ist an einen Zaunpfahl gespisst. 4°. Nach einer gütigen Mitteilung des Herrn Regierungsrathes R. v. Camesina in Wien. Das Titelblatt wurde von Camesina facsimiliert. — Mir weiter unbekannt.

58 *Wahrhafftige new Zeittung von der Statt Wien, wie sie*

von der erschrecklichen macht des Türcken auf wasser vnd Landt belegert, Im 1529 Jar, qui liber jam plane est Legendus. Zu Nürnberg durch Christoff Zell A. 1530 4⁰.
Angezeigt von Schmitt-Tavera Nr. 2201. Mir unbekannt.

59 *Grundtlich vnd warhafftig vnterricht der erschrecklichen vnd erbarmlichen thatten | so vor Wienn vō anfang der Türckischen belagerung biss zum ende von tag zu tag ergangen | Im jar 1529. Ross werden wol zum Streittag bereytt | Aber Gott mus den Sieg geben. Prouer. XXI.* 6 Blätter in 4⁰. Medaillon Holzschnitt genau wie bei Nr. 46 mit der Umschrift „Dy Sterck Gottes ist Aller Menschen Sigel 1530". Anfang: *„Am XVII. tag des Herbstmons ist geschehen die erbermliche Flucht etc."*
Nach einer gütigen handschriftlichen Mitteilung des Herrn Hofrathes von Försteman in Dresden. Mir unbekannt. Uebrigens auch citiert von Weiss-Camesina „Meldeman's Rundansicht" pag. XIII.
Königl. Bibl. zu Dresden H. urb. Germ 1164, 10.

60 *Newe Zeyttung vom Türcken So uf Mitwochen den XX. tag des Weinmons | auss Wien geschriben worden | den nechsten tag nach des Türcken abzug | das ist gewest uff Sambstag den XVI. tag des Weinmons | seind die drey Obersten | samt dem obersten Veld Marschalck | auff dem wasser gehn Wien gerückt. MDXXIX.* 4⁰. 8 Seiten. Mit Holzschnitt.
Nach einer gefäll. handschriftlichen Mitteilung des Herrn Bibliothekars Fr. Harrer in Regensburg. Mir unbekannt.
Königl. Kreisb. zu Regensburg.

61 *Türckischer Belegerung wahrhaffter bericht 1529.* 4⁰.
Nach der Anzeige in Weber's Literatur z. d. Staatengesch. Nr. 1553. Das Stück selbst konnte ich nicht auffinden. Es scheint mir ein willkürlicher Titel für das Fragment einer gleichzeitigen Relation.

62 *Newe Zeytung, wie ein türckischer Herr in eynem gulden stuck gefangen, was er gefragt und darauff geantwortet hat.* o. O. *1529.* 8 mit Holzschn.

So angezeigt bei Schmitt-Tavera Nr. 2227. Ich konnte das Stück nicht auffinden. Dasselbe scheint mir auch keine selbständige Relation zu sein, sondern ein Ausschnitt des Stückes „Ain gründlicher... bericht etc." (Siehe Nr. 43), wo auf Blatt 9 a, ein Abschnitt mit obenstehenden Titel beginnt. Dieselben Fragen sind übrigens auch in „Tirkische belegerung etc." (Nr. 35.)

63   *Türckische belegerung der stat Wien 1529* Darunter in rohem Holzschnitt ein reitender Osmane. 3 Blatt in 4°. o. P. O. und D. Blatt 1 b unbedruckt. Blatt 2 a. *Am achten tag des Monats Septembris hat der Turck vnd sein volck | nach der Schlacht etc.* Ohne Interesse für die Geschichte der Belagerung.

Münchner Staatsb. Turc. 81/15. 4°.

64   (Haselberg.) *Des Türckischen Kaysers Heerzug | wie er von Constantinopel Mit aller ruestung zu Ross vnd Fuss zu wasser vnd Land ec. gen Kriechisch Weyssenburg kummen | vnd fürter | für die königlichen stat Ofen yn Vngarn | vnnd Wien yn Osterreich gezogen | die belegert vnd gestuermet etc. mit angehenckter ermannung der grausamen tyrannen des Türcken, wyder Christliche Nation.* Darunter als Titelholzschnitt „Karolus vnd Suldan Soleymann" zu Pferde. 4°. Sechs Blätter. Blatt 2 a. *Anfenglich als man zalt 1529 Jar etc.* Am Schlusse: *Vollendet durch Johann Haselberg, gedruckt zu Nürmberg durch Christoffel Zell. Anno 1530.* Giebt sehr wenig Aufschluss über die Belagerung, verdient vielmehr nur als gleichzeitige Relation genannt zu werden.

K. k. Hofbibl. 77 F. 129. — Bibliothek Haidinger 1499. — Münchner Staatsb. Turc. 81/29. 4°.

Gleichzeitig geschriebene, doch später gedruckte Berichte.

65   (Pessel.) *Kurtzer Begriff, welchermassen der grausam wütende Tyrann vnd Erbfeindt der gantzen Christenheit, der Türck etc. die Christlich weitberühmbte vnd fürstlich Statt Wien in Osterreich, im Jar nach Christi Geburt 1529 belägert: sampt anzeigung der Namen deren Fürsten, Graffen Herrn vom Adel, vund anderer*

furnehmer Personen, so in der Belägerung gewest, vnd aussthei-
lung der Quatier. — Die Vorrede ist unterzeichnet **Paul Pessel**
Ernhaldt genannt Osterreich.

Dieses Stück ist abgedruckt in Lewenklaw: „Etliche Particular-
Beschreibungen wolmercklicher Geschichte zur Türckischen Histori
gehörig etc. Frankfurt a. M. 1590" Fo. 435—467. In der Vorrede
seines Werkes sagt Lewenklaw: „Denselben Bericht hat der Edel
und Gestreng Herr Jeronymus Beck v. Leopoldstorff, Priv. Key.
May. Hofkammer Raht etc. etc. nach langer fleissiger nachforschung,
endlich zu wegen bracht. Dann er's von dess Autoris, Paul Pesol-
den hernacher Römischer zu Vngarn und Böhem Koenigl. May.
Rahts, leiblichen Schwester Enkel, Hannsen Moser bekommen."

Pessel berichtet in seiner Einleitung, dass ihm Niclas Graf
Salm im Auftrage Ferdinand I. den Befehl überbracht habe, „ein
Verzeichnis aller jener Adel Haupt und Befelichs Leut etc.", welche
die Belagerung mitgemacht, aufzustellen „sampt einer gründlich,
verfassten meynung dero Geschichten so sich in beyden E May.
(Ferdinand) vnd dess Turck Läger täglich verloffen." Die Einleitung ist datiert vom „10 tag Nouembris Anno etc. im neun vnd
zwentzigisten." (Siehe auch die folgende Nummer.)

Ueberdies bringt Hammer in der türk. Belagerung pag. 63 ff. ein
„Tagebuch der Belagerung Wiens." Aus der Handschrift Nr. 714 (Cod. rec.)
d. k. k. Hofbibliothek, welche von Pessel herstammt.

66 **Pessel.** — *Paul Pessel Kaiser Ferdinand des Ersten gewe-
senen Herolds bisher noch ungedruckte und in der kais. Bibl.
vorhandene Beschreibung der ersten türkischen Belagerung der
Stadt Wien, welche Soliman II. im 1529 Jahre unternommen
hat.* Siehe: Göbels Beiträge zur Staatsgesch. v. Europa unter
K. Karl V. 264—302.

Ist der vollständige Abdruck der vorstehenden Nummer, doch
ist die Ausgabe Lewenklaw's besser.

67 **Leyhe.** *Geschichte der Belagerung der Stadt Wien 1529
aus einer gleichzeitigen Handschrift.* Siehe: *Antons* Diplom. Bey-
träge zur Geschichte zu den deutschen Rechten. Leipzig. 1777.
8°. 1—52. Die Aufschreibung rührt von *Wilhelm von Leyhe*, Görlitzer
Feldschreiber, und von *Anton Rurschaydt* her.

68   *Wolfgang Schreibers aus Fünfkirchen Kundschaftsnachrichten über Suleymann, sein Heer, seinen Anschlag Wien zu erobern, dort die Winter-Quartiere zu nehmen, und im Frühlinge Deutschland's Unterjochung zu beginnen. Wien 12. September 1529.* Siehe: Hormayr's Taschenbuch f. v. G. 1827. 225/26.

69   **Hammer** J. Freih. v. *Sulaiman's Tagebuch auf seinem Marsche von Constantinopel nach Wien.* Siehe: dessen Geschichte des Osmanischen Reiches III. 647.

70   (**Behrnauer.**) *Sulaimann des Gesetzgebers (Kanum). Tagebuch auf seinem Feldzuge nach Wien im Jahre* $93^5/_6$ $DH = J.$ *1529 n. Chr. Zum ersten male im türkischen Originaltexte herausgegeben, mit einer deutschen Uebersetzung und mit Anmerkungen versehen von Dr. W. F. A. Behrnauer. Den deutschen Orientalisten auf der General-Versammlung zu Wien überreicht im Herbst 1858. Wien, aus der k. k. Hof- und Staatsdruckerei. Im Verlage von Karl Gerold's Sohn 1858.* gr. 8° 33 und 28 Seiten.

Urkunden.

71   *Der Kriegsrath des vom grossen Suleymann belagerten Wien an König Ferdinand. Datiert 26. September 1529.* Siehe: Hormayr's Taschenbuch f. vaterl. Geschichte 1827. 142 ff.

72   *Schreiben der niederösterreichischen Regenten und Räthe an König Ferdinand I, wegen der nahen Belagerung Wiens D. 20. September 1529.* Siehe: Buchholtz, Geschichte Ferdinand I. III. 8. Beilage.

73   *Bürgermeister und Rath der Hauptstadt Wien bitten Ferdinand I., jenen Bürgern, deren Häuser in den Vorstädten bey der türkischen Belagerung durch den grossen Suleymann niedergebrannt worden, gelegene Bauplätze in der Stadt selbst*

anweisen zu lassen. Es wird zugleich gemeldet, man habe vor einigen Jahren ohne alle Beziehung als blosser Zierde auf die Spitze des Stephansthurms einen vergoldeten Stern mit halben Mondschein aufgesetzt, da 'sie nun aber seit der Türck Rhodus, Ungarn und Wien selber angetastet, erfahren hätten, dass dieses eigentlich seine Zeichen seyen, fragten sie sich an, ob sie diese heidnischen Zeichen ferners selbst belassen oder aber herab nehmen und die St. Georgsfahne dafür setzen sollen (datiert Wien v. 15. Februar 1530). Siehe: Hormayr's Taschenbuch für vaterl. Geschichte 1827. S. 101 ff.

74 **Reuterer V.** *Ein urkundlicher Beitrag zur Geschichte der ersten Belagerung Wiens durch die Türken.* Siehe: Jahrbuch des Vereines für Landeskunde von Niederösterreich 1867. S. 359—363 (Instruction was bey der khunigcl. Maiestat zu Hungern vnd Behem, Erczherzogen zu Osterreich etc. vnserm genedigisten Herrn vnd Landesfürsten von vnns Ir khunigcl. Mst. Statthalter, Regennten vnd Camer Rete diser Niderösterreichischen Lannde, durch Herrn Hannsen von Eybeswalld vnd Herrn Troian von Auersperg beden Ir. Mst. Reten vnd vnnsern lieben Freundten vnd mit Regenten angebracht vnd gehanndlt werden soll.)

75 **Schlager.** *Schicksal des Kirchenschatzes des St. Stephans-Domes in den Jahren 1526—1531.* Siehe: Schlager Wiener-Scizzen aus dem Mittelalter. 2. Bd. S. 335—340.

Betrifft die Verhandlungen des Magistrates wegen Veräusserung des Kirchenschatzes und die Verwendung des Erlöses zur Renovierung der Befestigungen.

76 **Müller.** *Ein griechisches Schreiben des Sultan Suleiman an Andreas Gritti über die Belagerung Wiens im Jahre 1529.* v. Joseph Müller. S. Jahrbuch für vaterländische Geschichte 1860, auch Sonderdruck Wien, Gerold 1860, 8°. 19 Seiten.

Es ist jener Brief, welcher in Hammer's Geschichte der ersten Türkenbelagerung, S. 76 Beilage VII. mitgeteilt ist nämlich: Copia della Lettera del Signor Turco fatta alla Signoria nostra Tradotta di Turco in volgare.

Neuere Bearbeitungen.

77   **Ortelius. Hieron.** *Chronologia oder histor. Beschreibung aller Kriegsempörungen und Belägerungen der Stätt und Vestungen etc. so in Ober- und Under-Ungern und Siebenbürgen mit dem Türcken von An. 1395 biss auff gegenwertige Zeit denckhwürdig geschehen. 4 Theile u. Appendix. 1615—22.*
Von der Belagerung (bearbeitet nach einer gleichzeitigen Relation) S. 47 - 59.

78   **Ortelius redivius et continuatus.** *Oder der ungarischen Kriegsempörungen histor. Beschreibungen, was sich in Ober und Unter Vngarn wie auch in Siebenbürgen von 1395—1648 zugetragen, mit Continuation bis 1665.* 2 Teile. Mit Kupfern. Fol. Nürnberg 1665.
Von der Belagerung: I Seite 58—6³. Mit einer Abbildung in Quer-Folio „*Contrafactur wie die Hauptstadt Wien in Oesterreich vom Türcken ist Belegert gewest Anno 1529*". Ein recht nett ausgeführter Stich, im Hintergrunde der Prospect von Wien: nach Hirschvogel's Ansicht der Burgseite. Dieselbe Ansicht in:

79   *Türkische und Ungarische Chronika oder kurtze historische Beschreibung aller deren zwischen . . . . Oesterreich . . . . einestheils und dann dem Erb- und Erzfeind der ganzen Christenheit dem Türcken anders theils . . . geführten Kriege. Nürnberg 1663.*
(Enthält sonst wenig über die Belagerung.)

80   **Isthuanfius.** *Nicolai Isthuanfi Pannoni historiarum de rebus ungaricis libri 34. Col. Agrippinae 1622.* Liber X. Belagerung v. J. 1529. pag. 158—167.

81   **Besold Chr.** *Historia Constantinopolitano-turcica, post avulsum a Carolo Magno accidentem ad hoc usque aevum deducta. — 1634. 8°.* 1 Band. v. d. Blg. 1049—1059 (Nach Levenklaw.)

82   **Quinenos Maria de.** *Obra nueva y muy curiosa del como el*

emperador Carlos V. eizo reterar el grand Turco de Vienna Madrid 1645. 4°. Schmitt-Tavera 2223. — Mir unbekannt.

83 *Wiennerische Cronica.* s. l. et. a. 8°. 205 SS. Von der Gründung Wiens bis zum Jahre 1662.

84 **Minsicht Christoph.** *Neue und kurtze Beschreibung des Königreiches Ungarn, dessen fürnehmsten Städten und Vestungen. Wobey vieler Belagerungen und Denkwürdigkeiten in dem jetzigen Türkenkrieg von 1663 bis 1664 etc. auch zum Anhang die vormahlige Belagerung der Statt Wien erzählet Werden.* Mit Kupfr. *Nürnberg 1664.* 12°.
Von der Belagerung S. 355—379. Mit der Vogelperspective von Wien nach Hufnagl.

85 **Kromayer Melch.** *Bericht von der Belagerung der Stadt Wien im J. 1529, sammt zugefügten Termin des Ottomanischen Hauses. Gotha 1683.* 4°.

86 *Kurtzer Bericht Die Belägerung der Stadt Wien von Anno 1529 betreffend, wie dieselbe mit dieser letzten Türckischen Belagerung zu vergleichen sey.* ½ Bogen 4°. o. O. J. u. P. Enthält eine gedrängte Uebersicht der vorzüglichsten Begebenheiten aus dem J. 1529, über die zweite Belagerung jedoch nichts.

87 **Francisci Erasm.** *Schau- und Ehren-Platz Christlicher Tapferkeit das ist Aller Denk- und Ruhmwürdig ausgestandenen Belägerungen der Weltberühmten Römisch-Kayserlichen Ansitz-Stadt Wienn in Oesterreich. So viel derselben bey den glaubhafftesten und berühmtesten Geschicht-Verfassern zu finden. Wovon alle die vormalige, samt deren Anspinnung, wie auch andern dabey vorgeloffenen Kriegs Begebenheiten, oder betrachtsamen Fällen, und anmercklichen Beschaffenheiten, nebst einem Vorbericht von dem Ursprung und Aufkommen dieser herrlichen Stadt durch. Francisci Erasm. Die jüngst letzte Belägerung*

aber. Durch M. M. S. Ausfuehr- und gründlich beschrieben worden Nürnberg In Verlegung Balthasar Joachim und Maria Endlers 1684. 4º. 204 und 80 Seiten mit einem alleg. Kupfer. Von der Wiener Belagerung insbesondere S. 90—182.

Stadtb. I. 184. — Universitätsb. histor. austr. sp. I. 318. — K. k. Bib. in Olmütz. XXXVIII. D. 17.

88 **Siber.** *Ex Historia Civili de Obsidione Viennensi, Anni MDXXIX cum nuperâ comparatâ, disputabunt publicé praeses. M. Christianus Andreas Siberus, et respondens Joh. Erdmannus Camentzius Hayna-Misnicus In Auditorio Collegii Veteris de..., Jan Anno 1684. Wittenbergae Literis Matthaei Henckeli. Acad. Typogr.* 4º. 2½ Bogen.

Wr. Stadtbibliothek. I. 475. — Münchner Staatsbibl. Diss. hist. 25/2628. — Königl. Bibl. zu Dresden H. urb. Germ. 1164. 18. — Herzogl. Bibl. zu Wolfenbüttel.

89 *Kurtze doch gründliche Beschreibung Alter und Neuer Wiener-Belägerung, Welche sowol Anno 1529 als Anno 1683 von dem Türkischen Erb-Feinde jedesmahl vergeblich gethan, und durch Gottes Gnade von den Christen glücklich entsetzet worden. Sampt der Römisch. Kaiserl. Residenz-Stadt Wien Eigentlicher Abriss und Fortification. Wie auch des Türckischen Feld Lagers | Lauffgräben | Batteriyen und Verwüsterung zu ersehen. Gedruckt im Jahr 1684.* 4º. 2 Bogen o. P.; mit 1 Kupfer H. 21 B. 31. cm. Die Stadt Wien aus der Vogelperspective. (Ueber die 1. Belagerung S 1—6.)

K. k. Hofbibliothek. — Wr. Stadtbibl. I. 749. — Bibl. Haidinger 1493. — Hamburger Stadtb. I. F. III. 171. K. — Herzogl. Bibl. zu Wolfenbüttel.

90 **Krekwitz.** *Totis Regni Hungariae superioris & inferioris accurata descriptis. Das ist Richtige Beschreibung dess gantzen Königreich Ungarns. Frankfurt u. Nürnberg 1686.* Von der Belagerung 1529. S. 972—983.

91 **Knolles.** *The Turkish History from the Original of that Nation. To the Growth of the Ottoman Empire By Richard*

Knolles. London 1687. Fo. Ueber die Wiener Türkenbelagerung. Tom. I. p. 410—414.

92 **Fuhrmann.** *Erste Türcken Belägerung der Stadt Wien, und andere Merkwürdigkeiten dieser Stadt. An. 1529.* Siehe: Alt und Neues Wien oder dieser ... Stadt Chronologische und historische Beschreibung. etc. von Mathia. Fuhrmann. Wien 1739 8° 2. Bd. pag. 745—775; mit 2 Kupfern, 1. ein Querblatt H. 21 cm. B. 30 cm. mit zwei Langansichten Wiens, von der Burg und Donauseite und der Ueberschrift „Prospect der Stadt Wien unter Ferdinand I. noch ohne Pasteyen und Ravelinen, und Turckische Attaque A. 1529", 2. ein Blatt in 8°. Schau und Denkmünzen.

Fuhrmann hat bei dieser Zusammenstellung wol mehrere Quellen benützt, doch bildete die Relation des Stern von Labach die Grundlage seiner Ausarbeitung. Einzelne Stellen sind nahezu wörtlich (wenn auch sprachlich verändert) nachgedruckt.

93 **Velius.** *Casparis Ursini Vellii. De bello Pannonico libri decem. Ex codicibus manu exaratio Cæsaris nunc primum in lucem prolati, et adnotationibus necessariis, diplomatibus, litteris etc. ex tabulis authenticis fide et diligentia maxima exscriptis illustrati, studio et opera A. F. Kollarii, Cum. effig. Ferd. I. et. Joan. Zapolya. Vindobonae 1762.* 4" 326 SS. Von der Belagerung. pag. 100—127.

94 **Uhlich.** *Geschichte der ersten türkischen Belagerung Wiens im Jahre 1529 aus gleichzeitigen Schriftstellern und Tagebüchern gesammelt von P. Gottfried Uhlich aus den frommen Schulen. Lehrer der Universalgeschichte am Löwenburg. Kollegium Wien* gedruckt mit Binzischen Schriften 1784 8" 150 Seiten mit einem Plan der Stadt Wien und e. Kpfr.

95 *Der Waffenbrüder, Erretter Wiens Andenken in Raitz vereiniget.* Siehe Hormayr's Archiv 1815 S. 519 ff.

96 *Der Türke vor Wien 1529.* Siehe Hormayr's Archiv 1820 Nr. 2, 3, 4 und 5.

97 **Hormayr.** *Der grosse Suleymann vor Wien.* — Siehe: Hormayr's Geschichte der Stadt Wien. 4 Bd. 181—207. Mit 1. Solimann's 2. Salm's Portrait 3. Hirschvogel's Plan.
Hormayr wird gewiss mehrere Werke zu seiner Bearbeitung verwendet haben, doch zeigt sich, dass ihm besonders das Werkchen „Ain gründtlicher vnd warhafter Bericht etc." als Grundlage diente.

98 **Hormayr.** *Graf Niklas Salm, der Retter Wiens wider den grossen Suleymann. Siehe: Hormayr's Taschenbuch 1823. 52—162.*
Enthält ein Tagebuch über die Ereignisse während der Belagerung, ein Autograph und Urkunden. Ferner: Das Porträt von Salm wie in Hormayr's Geschichte Wiens, endlich einen „Grundris der Stadt Wien zur Zeit der ersten türkischen Belagerung." Ein Blatt in qu. 8", an dessen Rändern Klippen und Gedenkmünzen abgebildet sind.

99 *Graf Niklas Salm, der Retter Wiens wider den grossen Suleymann.* Siehe: Hormayer's Archiv 1825. S. 891.

100 **Hammer.** *Wiens erste aufgehobene türkische Belagerung, zur dreyhundertjährigen Jubelfeyer derselben, zum Theil aus bisher unbekannten christlichen und türkischen Quellen erzählt von Joseph. R. v. Hammer. Mit dreyssig Beylagen von Tagebüchern, Auszügen aus türkischen Geschichtschreibern und Urkunden, von denen neun orientalischer Text in neuer Nestaalikschrift, und deren letzte das Ebenbild der Fertigung und des Siegels des Grosswesirs Ibrahimpascha. Pest 1829. In Konrad Hartlebens Verlage. 4° und 8°. XVI. und 174 Seiten.*
Beilagen: I. Lo assedio del gran Turco, posto alla città di Vienna. Aus der Chronik Marini Sanuto's im k. k. Hausarchive. II. Lo assedio della città di Vienna 1529. Fatto per lo signor Turco, übersetzt von Cala da Gomorna, am 7. November 1529, 4 Uhr Nachts. Vergleiche Nr. 46. III. Tagebuch der Belagerung Wiens. Aus der Hs. 714 cod. rec. der k. k. Hofbibliothek. IV. Bruchstück der Aussage eines Gefangenen. Aus d. Hs. Nr. 110 hist. prof. der k. k. Hofbibliothek. V. Bogeninschrift v. J. 1676. VI. Schreiben Ibrahims an

Ferdinand am 26. September 1532. VII Copia della lettera del Signor Turco fatta alla Signoria nostra tradotta in volgare. Aus dem LII. Bande der Chronik des Marini Sanuto (vergleiche Nr. 76). VIII. Copia di un aviso avuto da Constantinopoli di 15. Marzo 1526 della partita del campo del Signor Turcho. Aus dem XLI. Band Marini Sanuto's. IX. Des Fahnenjunkers Christoph von Zedlitz Aufenthalt im türkischen Lager. Aus den Collectaneen des Freyherrn von Enenkel im ständ. Archive z. Wien. X. Neue Kunde über Calixtus Ottomanns. XI. Verzeichnis der im k. k. Hofkammerarchive befindlichen, die erste Türkenbelagerung betreffenden Acten. XII. Auszug aus dem Ueberschlage des Zeugwartes über die Belagerungsbedürfnisse Wiens. XIII. Aus der Geschichte des Grosswesirs Lutfipascha Bl. 73. XIV. Aus der Geschichte Petschewis. Bl. 49. XV. Aus der Geschichte Lsolaksade's Bl. 108. XVI. Aus der Geschichte Aalis, ein und zwanzigste Begebenheit der Regierung Suleimanns. Bl. 237. XVII. Aus der Geschichte Ferdi's. Bl. 160. XVIII. Aus d. G. des Mufti Karatschelebisade Asis Efendi. Bl. 81. XIX. A. d. G. des grossen Nischandschi Dschel al sade. Bl. 130. XX. Urkunde des Cardinals von Colloniz über den auf dem bürgerl. Zeughause zu Wien unter Glas aufbewahrten Schädel Kara Mustapha's. XXI. Erklärung des Talisman'schen Hemdes Kara Mustaphas. XXII.—XXIX. Der türkische Text zu den obenerwähnten Geschichtschreibern. XXX. Fertigung und Siegel des Grosswesirs Ibrahim.

Recens. v. Gévay i. d. Jahrb. der Literatur. 47 Bd. 1866 ff. — Wiener Zeitschrift für Liter., Kunst und Mode. 1834. Nr. 19.

101 *Die Belagerung von Wien durch die Türken im Jahre 1529. Historisches Gemälde. Wien 1841. gr. 8°. 15 Seiten.*

Als Herausgeber dieser „erheiternden und belehrenden Lectüre" nennt sich auf der letzten Seite eine „Redaction österreichisch-vaterländisch-literarischer Werke" und verspricht die Fortsetzung solcher Hefte. Jedenfalls hatte die „Redaction" zur neuerlichen Bearbeitung dieses Themas keine Zeit, denn sie begnügte sich, Hormayr's Darstellung in seine Geschichte Wiens wörtlich nachzudrucken.

102 **Schneidawind.** *Geschichte der Belagerungen Wiens durch die Türken von F. J. A. Schneidawind. Hamburg B. S. Brendsohn 1846. 16°. 169 Seiten.*

103 **Schimmer.** *Wiens Belagerungen durch die Türken und ihre Einfälle in Ungarn und Oesterreich. Mit einer kurzen aber vollständigen Geschichte des Ursprunges der wachsenden und*

sinkenden Macht der Osmanen, ihres Eindringens in Europa, der Eroberung von Konstantinopel und ihre Kriege mit Oesterreich von der frühesten bis auf die neuere Zeit. Nach den bewährtesten Quellen und Urkunden bearbeitet von Karl August Schimmer. Mit zwei Plänen. Wien 1845. Verlag von J. G. Heubner. 8°. 432 Seiten II. Auflage 1847. Von der Wr. Belagerung 1529 insbesondere, Seite 71—109 mit folgenden Beilagen. 1. Der Aufenthalt des Kornets Christoph von Zedlitz im türkischen Lager. S. 115—123. 2. Gedrängte Uebersicht der Verheerungen der Türken auf dem flachen Lande 124—126. 3. Auszug aus einer Brochure v. 1530. Nürnberg gedruckt durch Hans Guldenmundt. 126—132. 4. Die Verräther 5. Ein schöner Spruch von dem Turkhen gemacht durch Sebastian Thau. vnnd Valten Sparhack. (Abdruck aus der Relation. „Wahrhafftige Neue Zeyttung etc. Nr. 52.) 133—139. Türkischer Bericht über Wiens Belagerung aus der Geschichte des grossen Nischandschi Dschelal sade. (Nach Hammer's Uebersetzung) 139—148.

104   **Schimmer K. A.** *The siege of Vienna by the Turcs, from the german of Karl August Schimmer and other sources. London John Murray 1847.* 8". 172 SS. Mit einem „*plan of Vienna the Turkisch aproaches.*"

    Diese von Lord Ellemere angefertigte Uebersetzung des Schimmer'schen Werkes ist in Wien bisher gänzlich unbekannt geblieben. Der Sohn des Autors, Herr Hof-Sekretär Schimmer, versicherte mir auf meine Anfrage, dass selbst sein Vater als Verfasser von dieser Uebersetzung keine Kenntnis hatte.

105   **Schimmer C. A.** *Die erste Belagerung Wiens durch die Türken.* Siehe: österr. Universalkalender Austria 1851. pag. 97 - 104.

106   **Kaltenbaeck.** *Die deutschen Hülfstruppen während der Belagerung Wiens im Jahre 1529.* Siehe: Austria, österr. Universalkalender für das Jahr 1845. S. 56 - 61.

    Auszugsweise nach den: Annales de vita et rebus gestis Illustrissimi Principis, Friderici II. Electoris Palatini, Authore Huberto Thoma Leodio ejusdem Cancellario. Francofurti, 1624. 4°.

107 **Sava K.** *Siegel als historische Denkmale.* Siehe: Mitteilungen der k. k. Central-Commission zur Erforschung und Erhaltung der Baudenkmale. IX. 1864 V. Bespricht zwei Siegel der Stadt Baden in Niederösterreich mit der Umschrift: „Turck belagert Wien am 23. Tag Septem. 1529."

108 **Seidl Johann Gabriel.** *Acht Medaillen auf die Belagerung Wiens durch die Türken 1529.* Siehe: Austria-Kalender 1848. S. 110. Vergl. auch „Katalog der histor. Ausstellung der Stadt Wien. S. 169. Nr. 11—14."

109 *Notizen zur Geschichte der ersten Türkenbelagerung.* Siehe: Hormayr's Archiv 1830. S. 16.

Gleichzeitige Lieder und Sprüche.

110 **Hans Sachs.** *Die türkisch beläyerung der stat Wien mithandlung beider teil auf das kürzest ordentlich begriffen.*
„Als man zelt fünzehn hundert jar
Darzu neun und zweinzig fürwar etc."
400 Zeilen. Am Schlusse:
„ — Das die ver deins namens aufwachs!
Das begert zu Nürnberg Hans Sachs"

111 Der Originaldruck mir unbekannt. Abgedruckt: *Hans Sachs gesam. Werke. 1. Buch 1589. Bl. 153.* Hiernach in *Freiherrn*

112 *v. Liliencron's* trefflichem Werke: *Die historischen Volkslieder der Deutschen vom 13.—16. Jahrhundert. III. Leipzig 1867.* (S. 587 bis 592.) Auch in der neuen Ausgabe von Hans Sachsens Werke.

113 **Hans Sachs.** *Ein tyrannische that der Türken vor Wien begangen*
Vernembt ein tyrannische that
So der arg Türk begangen hat etc.
110 Zeilen. Am Schlusse:
„ — von dem uns hülff und schutz erwachs
begert mit allen auch Hans Sachs."

Ein Originaldruck unbekannt. Siehe: Hans Sach ges. Werke. 1. Buch and. Teil 1589. Bl. 152. Hiernach abgedruckt in v. Liliencron: die histor. Volkslieder der Deutschen, Nr. 413; auch in v. Camesina: Fliegende Blätter etc. Siehe: Mitteilungen des Wr.

114 Altertumsvereins 1875. Ich fand dieses Stück als: *Ein Thyrannische That des Türcken vor Wien beganngen hat an Cristen* im Cod. germ. 3633 der Münchner Hof- und Staatsbibliothek. (Blatt 34—36.) Diese Abschrift ist mit vollständig veränderter Orthographie gemacht. Am Schlusse heisst es:

„Von dem vnns hilff vnd schutz erwachs Alleine
Begert mit Allen auch Helias Khaine."

Siehe auch: Hans Sachs „Ein klag zu got über die grausam wueterei des Türken" in v. Liliencron l. c. IV. pag. 58. Vers 64—100.

115 *Die Türckisch belegerung der Stat Wien, mit sampt seiner Tyrannischen handlung,* Im MDXXIX Jar. Ein Flugblatt in Fo. mit Holzschnitt (die Belagerung von Wien).

Hört zu nach dem gezelet wurdt
Von des Herren Christi geburt
Vergangen fünffzehen hundert Jar
Vnd neun vnd zwaintzig das ist war etc.

100 Zeilen. Am Ende. *H. S. S. Valentin Neuber.*

Diesen Druck zeigte Weller zuerst nach dem Originale der Züricher Bürger-Bibliothek im „Anzeiger für Kunde der deutschen Vorzeit" an, sodann in seinen „Annalen der poetischen National-Literatur der Deutschen. Freiburg i. B. 1862." (1 Bd. S. 97 Nr. 296.) Er schreibt das Gedicht dem *Hans Sachs* zu; Freiherr v. Liliencron aber hält das Gedicht, welches er unter Nr. 413 seiner „Historischen Volkslieder" gab, gleichlautend mit jenem (vgl. Nr. 113 der vorliegenden Bibliographie); doch ist dem nicht so.

Auf meine Anfrage hatte Herr Oberbibliothekar Dr. J. Horner in Zürich die Güte, mir eine Abschrift des Gedichtes anfertigen zu lassen und hieran folgende Notiz zu knüpfen: „Das Blatt ist nicht mehr in seiner ursprünglichen Gestalt erhalten, sondern der colorierte Holzschnitt in quer Folio sammt Titel ist abgesondert vorhanden, das Gedicht aber in einzelnen Streifen auf ein weisses Blatt geklebt, doch vollständig."

Ich halte das Stück für keine Dichtung des Hans Sachs.

116 Abgedruckt in m. Aufsatz: *Weiteres zur Literatur der ersten Türkenbelagerung.* Mitteilungen des Altertumsvereins in Wien 1875.

117 *Ein newes lied der gantz handel der Türkischen belegerung der Stat Wienn. Vnd ist in Bruder Veytten thon. Spt. Okt. 1529.* Holzschnitt: befestigte Stadt und ein Teil des türkischen Lagers. 8 Blatt 8". Gedruckt: *Nürnberg bei Jobst Gutknecht.*

> *Ihr Christen ausserwelet*
> *Nun höret alt vnd jung*
> *Wie euch hie wirt erzelet*
> *Die schwer belegerung*
> *Stat Wienn in Osterreyche*
> *Von dem Türekischen hund*
> *All stück gar ordenleyche*
> *Von tag zu tag vnd stund.*

Sieben und dreissig 8zeilige Strophen.

118 Abgedruckt in *Soltau: Ein Hundert historische Volkslieder. Leipzig 1836. pag. 325—335.* Darnach in v. Liliencron: Die historischen Volkslieder der Deutschen. III. Nr. 414.

Berliner Bibl. Yc 2888.

119 (**Zell**.) *Ein newes lied in welchem auss angebung deren so von anfang mit vnd darbey gewesen | Die gantz handlung des Türcken | in Vngern vnd Osterreych nemlich der belegerung der stat Wien begryffen ist | Im thon O Gott in deinem höchsten Thron.* 4 Blatt in 4º mit Holzschnitt (Ausfall aus einer belagerten Stadt).

> *Nun hört jr Christen alle gar,*
> *Was ich euch sing des nement war*
> *Mit Dancksagung zu Gotte.*
> *Der uns liebet zu aller stund,*
> *Bschützt ens vor dem Thürckischen hundt,*
> *Hilfft vns auss aller note.*

Neun und dreissig 6zeilige Strophen. Am Schlusse:

> *Der vns dyss lied erst thet bekandt,*
> *Cristoffel zell ist ers genannt,*
> *Das glück ist jm nit fayle.*
> *Er hofft es soll vns wol ergan,*
> *Got werd die seinen nit verlan,*
> *Er wunscht vns glück vnnd hayle.*

Gedruckt zu Nürnberg durch *Friedrich Peypus* 1529.

> *Wer dyser Lieder wil kauffen*
> *Soll zum Weyntraub am Fyschbach lauffen.*

Abgedruckt in Soltau: Ein hundert historische Volkslieder p. 336 ff., dann in v. Liliencron: historische Volkslieder III. 415. Königl. Hof- und Staatsbibl. München Chron. 8 a./4 4°. — Berliner Bibl. Ye 2895. — Königl. Kreisbibl. zu Regensburg. - Göttinger Universitätsbibl. Poetae 2455. — Erlang. Bibliothek.

120 **Daxbach Jörg.** *Ein lied, gemacht, wie es im Osterland ergangen ist. Und ist in dem thon: Es gehet ein Fryscher summer daher.* 4 Bl. 8° o. O. u. J.

> *Der türkisch keiser ist zornig worn,*
> *Er hat den Ungern ein eid geschworn etc.*

Neunzehn 5zeilige Strophen. Am Schlusse:

> *Der uns das liedlein hat gedicht,*
> *Vom newen hat ers zu gericht,*
> *Jorg Daypach (sic) thut er sich nennen*
> *Heiligs reich sei unverzagt*
> *Und lass dich nicht zu trennen, ja zu trennen.*

Abgedruckt in v. Liliencron: historische Volkslieder. III. Nr. 416.

121 **Daxbach Jörg.** *Ein lied, wie es im Osterland ergangen ist, als man schreibt tausent fünfhundert im neun und zweinzigsten jar. Im ton: Es gehet ein Fryscher summer daher.* Fliegendes Blatt in Folio. Nach den Angaben des Fhr. v. Liliencron in dessen: Historische Volkslieder der Deutschen III, wo das Stück unter Nr. 416 abgedruckt erscheint.

> *„Es ist nicht lang, dass es geschach*
> *Dass man das reich auss ziehen sahe etc "*

Neunzehn 5zeilige Strophen. Der Schluss wie in der vorstehenden Nummer.

122 *Die Türken vor Wien 1529.*

> *Ihr Kristen, lasst euch zu Herzen gan*
> *Wie sich der Türk hat under stan*
> *Es ist wahr und nicht erlogen*
> *Er ist drei hundert mal tausend stark*
> *Für Wien ins Feld gezogen.*

Eilf 5zeilige Strophen. Am Ende:

> *Der uns diesen Reihen sang*   .
> *Ein Freier Landsknecht ist er genannt*

>   Er hat so wohl gesungen
>   Er ist bey sieben Feldschlucht gewest
>   Es hat ihm nicht misslungen.

123   In dieser Fassung abgedruckt in: **Erlach**, Volkslieder der
124   Deutschen II. 170, darnach in Görres-Volkslieder S. 255 und in
125   Wolff's historischen Volkslieder S. 16.
126   Sodann unter gleichem Titel in Kaltenbaeck's österreichischen Universalkalender, Austria 1844. (97.) Doch hat dieser Nachdruck andere Schreibweise und diesen Schluss:

>   Der diesen Reihen uns erfand
>   Ein Freier Landsknecht ist er genannt
>   Er hat so wol gesungen
>   Er ist bei sieben Schlachten gwest
>   Es hat ihm nicht misslungen.

Endlich nach dem Cod. palat. 343 Fol. 55 in v. Liliencron's historischen Volksliedern III. Nr. 418 a. ebenfalls in veränderter Schreibart.

127   *Dre lede volgen, dat erste. Wo de Türcke vor Wene lach, Dat Ander, Herr Goot jn dinem Rike, jm alderhögesten Thron, Dat drüdde, Ach seenlick klage, vorwar ec.* 4 Bl. 8° o. O. u. J.

>   Wo de Türcke vor Wene lach
>   Latet iuw Christen to herten gaen,
>   Wo sik de Türke heft underdaen,
>   Vorwar, ys nicht gelagen.
>   He ys wol dre mael hundert dusend man sterk
>   Vor Wene ynt Feld getagen.

Eilf 5zeilige Strophen. — Veränderte Ausgabe von Nr. 122. Nach der Anzeige des Freih. v. Liliencron in dessen: historische Volkslieder, wo das Stück als 418 b abgedruckt ist.

128   *Ein new lied, wie der Türck Wien belegert und mit schanden abzogen*

>   Ir Christen all geleiche,
>   Merkt auf mit sunderm vleiss,
>   Wie es in Osterreiche
>   Geschechen in schneller weis etc.

Eilf 9zeilige Strophen. Fliegendes Blatt. Nachgedruckt in:
129   „Die Geschichte der Stadt Bunzlau zur Kenntniss der vergangenen Zeit besonders für Bürger und Landleute." Bd. 2. S. 24. (Ohne Strophen 3, 5 und 10.)

Beide nach der Anzeige in v. Liliencron: historische Volkslieder, wo sich ebenfalls (als Nr. 419) ein Nachdruck findet.

130 **Thaw.** *Ein schöner Spruch cō dem Thürken gemacht Durch Sebastian Thaw vñ Valten Sparhack*

Nu mercket hy zu dyser Frist.

Siehe Näheres darüber bei Nr. 52, abgedruckt in Schimmer's: Wiens Belagerungen durch die Türken S. 133—139.

131 **Musser Baldas.** *De obsidione Viennae Austriae facta a Soleymanno Turcarum tyranno 1529. libri duo carmine heroico conscripti o. O. u. J. 4".*

Bildliche Darstellungen.

Ausser den schon früher beschriebenen Werken Meldeman's und Guldenmundt's und den unter Nr. 78 und 92 angeführten neueren Stichen sind hier noch aufzuzählen:

132 **Franceschi Domenico di.** *Die Belagerung von Wien 1529 und der Heerzug Kaiser Karl V. gegen die Türken 1532.*

Ein Holzschnittwerk bestehend aus sechs Blättern, deren jedes circa 40 cm. breit und 52 cm hoch ist. Es veranschaulicht die Belagerung von Wien und gleichzeitig die Heerzüge Kaiser Karl V. und Sulaiman's.

Die Stadt Wien (überschrieben Vienna) zeigt sich auf den Blättern 3 und 4. Es ist ein ganz nach der Phantasie gefertigtes Bild, welches im ersten Augenblick den Eindruck einer südländischen Stadt hervorruft. Türme, Kuppeln, und Häuser mit rundbogigen Fenstern folgen sich in bunter Abwechslung, nur der ehrwürdige Stephansturm überragt als einziges Erkennungszeichen diese bizarre Zusammenstellung. Es braucht bei solch' einem willkürlichen Bild nicht besonders zu verwundern, dass die Fronte des St. Stephans-Domes mit ihren Haidentürmen nach Osten blickt, oder dass aus den hohen Spitzbogenfenstern desselben weite, rundbogige wurden und aus den mächtigen Streben zierliche Halbsäulen.

Die Stadt wird von starken Mauern umzogen, an deren Eckpunkten feste Türme, mit steilen Spitzdächern und Giebeln geziert, die Verteidigung erleichtern. Das nach Osten stehende grosse Tor, über dessen herabgelassener Zugbrücke eben einige Geharnischte, wol zum Kampfe hinaus ziehen, erinnert uns in seinen Bauformen lebhaft an das alte Rotenturmtor mit seinen zierlichen Ecktürmchen.

Das Hülfsheer unter K. Karl V. zieht von Westen gegen Wien, während Sulaiman von Osten her anrückt. Die Verteilung des Raumes ist genau vorgenommen, so dass das christliche Heer auf den Blättern 1, 2 und 3, das türkische hingegen auf jenen 4, 5 und 6 abgebildet ist. Das Bild hat gewiss keinen historischen Wert, bietet aber für das Studium des Costumes u. s. w. manch Interessantes.

Auf den Blättern 1 und 4 sind von einer Cartouche eingeschlossene Ansprachen des Zeichners Domenico di Franceschi an den Leser. Auf dem letzt erwähnten Blatte in einer kleineren Cartouche überdies die Adresse: „In Venetia per Domenigo di Fracci in Frezeria a la insegna di la Regina," darunter das Zeichen des Xylographen

·C·V·F (Cesare Vecellio fecit?).

Auf Blatt 1 ist eine kleine höckerige Gestalt mit Mantelkragen, Pluderhosen und Federbaret von Interesse. Auf dem Mantelkragen hat das Männlein dasselbe Zeichen, welches der ungenannte Formschneider den drei Buchstaben C. V. F. vorsetzte; offenbar hat sich dieser Künstler hier selbst abgebildet und als Erkennungszeichen sein Monogramm auf den Mantel gesetzt.

Die Ansprache an den Leser ist datiert vom 20. Feber 1560. Von diesem interessanten Werke, auf welches ich demnächst in einer Separatpublikation zurückzukommen mir vorbehalte, existieren zwei Ausgaben.

133 *Regierungsrath von Camesina reproducierte auch diesen Schnitt*, leider nur in sehr wenigen Exemplaren; seiner gütigen Mitteilung verdanke ich die Kenntnis des sehr seltenen Werkes.

Beide Originalausgaben befinden sich in der Bibliothek Sr. Exc. des Herrn F. Z. M v. Hauslab in Wien.

134 **Beham Barthel** *Vienna obsessa Solimanno anno domini 1529.*
Photographische Nachbildung einer im Besitze des Herrn Josef Posonyi in Wien befindlichen Original-Handzeichnung auf Papier 24·5 cm. br.. 35·5 cm. h.
Das Bild ist ebenso von einem historischen als auch artistischen Werte: die Komposition geistvoll, ausserordentlich figurenreich und lebendig, ist auch in der Ausführung bis ins kleinste Detail klar. Es zeigt sich darin ein überaus buntes Leben, das Feldlager mit allen seinen Eigentümlichkeiten. Im Hintergrunde gewahrt man die von der Südseite aus aufgenommene Stadt Wien. welche besonders nett ausgeführt ist: in der Mitte das Kärntnertor mit dem gleichnamigen Turm. Von hier ziehen sich die Stadtmauern, nur von dem „türnlein bei den Augustinern" unterbrochen, bis an die Burg. Diese gleicht nahezu dem Bilde, welches uns Hirschvogel in seinen Werken von ihr überliefert hat. doch sind nur zwei Türme eingezeichnet. Links vom Kärntnertor kann man die Fortificationen bis zum Stubentor hin verfolgen. Ueber die Brücke bei diesem Tore ziehen die Belagerten eben zu einem Scharmützel hinaus.

Des kleinen Massstabes wegen ist es unmöglich, einzelne Gebäude in der Stadt zu bestimmen. Der St. Stephansturm ist seinem Umfang nach zu nieder. ebenso steht der eine Haidenturm in keinem Verhältnis zu dem ausgebauten Turm. Hinter der Stadt schlängelt sich die Donau hin, und den Horizont begränzt das Gebirge. Ausserhalb der belagerten Stadt sehen wir die abgebrannten Vorstädte und den Lassla-Turm. Von hier an beginnt das Lager der Türken. Gleich zwischen den ersten Reihen der Zelte befindet sich das Hochgericht. unweit davon werden an gefangenen Christen die grössten Gräuel ausgeübt, sie werden entzwei geschlagen oder zerrissen, auch an Pfähle gebunden und mit Pfeilen beschossen. die Kindlein aber an die „Zäune gespisst".

Für die Verproviantierung haben die Türken gehörig gesorgt. Rindvieh und Schafe werden von allen Seiten zugetrieben; auch bemerkt man „der Turcken Backofen in die vier | oder reyne gemacht", wie sie uns Meldeman in seiner Rundansicht vorführt, überdies sind im Lager selbst Marketender, welche Brod. Geflügel,

Getränk u. s. w. verkaufen. Auch Zelte, worin Waffen feil sind, gibt es. Eine durch das Lager eingeschlossene Kirche, auf deren Turm sich Christen geflüchtet hatten, wird von den Türken beschossen. Unweit davon versuchen sich einige Heilkünstler an einem Kranken, dicht daneben beten Einige bei einer Leiche. Den Vordergrund nimmt Suleimans Zelt ein, welches dieselbe Gestalt, wie auf Meldeman's Rundansicht hat. Suleiman selbst zeigt sich darin. Wie gesagt, das Bild ist besonders schön gezeichnet und reich an drastischen, mitunter ergötzlichen Szenen. In der linken unteren Ecke findet sich der Name „*Bartholome Behem.*"

135 **Camesina A. R. v.** *Die zwei Reliefbilder am Grabmale Salm's.* Zwei Folioblätter Lithographien. Die Reliefs stellen die Stadt Wien während · der Belagerung vor; die Aufname ist von der Südseite gemacht. Auch diese bisher nur von Hormayr (Nr. 95 und 98) flüchtig beschriebenen Reliefs werde ich demnächst ausführlich schildern.

II.

1683.

Gleichzeitige Relationen und solche aus der nächsten Zeit.

1   **Vaelkeren.** *Vienna a Turcis obsessa, a Christianis eliberata sive Diarium obsidionis Viennensis Inde a sexta Maij ad decimam quintam usque Septembris deductum, Authore Joanne Petro a Vaelkeren Sacri Romani Imperij Equite, Sac: Caes: Maj: Consiliario Aulico Bellico. Generali Auditore & Historiographo: una cum typis aeneis. Cum licentia Superiorum & Privilegio Caesareo.* — Vienne Austriae Typis Leopoldi Voigt, Universitatis Typographi Anno 1683. 4°. 91 SS. und 4 Bll. o. P.; mit einer Tafel H. 41, Br. 43 cm.: „Vienna a Turcis obsessa & Deo dante a Christianis eliberata." Domenico Rossetti sculp.

Der Anhang enthält: *Specification, Was ueber den so eylends fluechtigen Auffbruch der Tuerckischen Armee von der Stadt Wienn, auss dem Laeger in die allhiesige Zeughäuser ueberbracht worden und noch zu überbringen verbleibet.* — Von Vaelkeren sollen zwei in **Wien** gedruckte lateinische Ausgaben existieren.

Wr. Universitätsb. Austr. spec. I. 320. — Wr. Stadtbibl. I. 159. — Linzer Bibl. U. IV. 30. — Münchner Staatsb. Austr. 147 4°. — Hamburger Stadtb. I. F. III. 171. — Herzogl. Bibl. zu Wolfenbüttel. — Nationalb. zu Paris — (Auct. Feil 3 fl.).

2   Dasselbe Werk, gleicher Titel: *Bruxellis Apud Lambertum Marchant sub signo Pastoris 1684.* kl. 8°. 166 SS.

Münchner Staatsbibl. Austr. 4355. 8°. — Hamburg. Stadtb. I. F. III. 171.

3   **Vaelkeren.** *Vienne assiegée par les turcs | et delivrée par les chrestiens. Or | Journal du siège de Vienne. Depuis le 6 de May de l'année 1683 | jusqu'au 15 de Septembre de la mesme Année. | Composé en Latin Par Pierre à Vaelckeren | Chevalier du St. Empire | Conseiller Aulique & Bellique de Sa Majesté Imperiale | & son Auditeur & Historiographe General. | Avec des figures. Et se Vend A. Bruxelles | Chez Lambert Marchant | au Marché aux Herbes 1684.* 12°. 215 SS.

Biblioteca Nacional in Madrid *2—*3, A-1 6. — Hamburger Stadtb. F. III. 171.

4   **Vaelkern.** *Wienn von Türcken belaegert | von Christen entsezt Das ist: Kürtzliche Erzehl- vnd Beschreibung alles dessen | was sich vor- in- vnd nach der grausamben Türckischen Belägerung der Kayserlichen Residenz Stadt Wienn in Oesterreich Anno 1683 vom 6 Maij an | biss 19 Septembris von Tag zu Tag denckwürdigs zugetragen. Erstlich in Lateinischer Sprach beschrieben. Durch der Roem. Kayserl. Majest. Hoff-Kriegs-Rath | General Veld-Kriegs-Auditoren vnd Historiographum Johann Petern v. Vaelkern | dess Heyl Roem. Reichs Reichs Rittern. Anjetzo Auss dem Lateinischen ins Teutsch übersetzt | und in Truck gegeben | von dem Authore selbst. Mit Kayserlichem Privilegio vnd Freiheit. Gedruckt zu Lintz in Oesterreich bei Johann Rädlmayer 1684.* 4° 102 Seiten mit 1 Anhang 4 Blatt o. P. enthaltend: Specification der Beute etc. Mit 2 Kupfern d. Castramentatio und dem Plane v. Rossetti.

Wr. Universitätsb. austr. spec. II 276. — Bib. Haidinger in Wien 1476 und 77. — Münchner Staatsb. Eur. 290 4°. — Bibliotheque National à Paris.

5   **Velchern.** *Vienna assediata da Turchi e liberata da Christiani . . . dato in luce in idioma latino dal Signor Gio. Pietro Velcheren nuovamente tradotto in lingua italiana da Dorotheo Alimari.*

Bibliotheque National à Paris.

6   **Velchern.** *Dell' Assedio di Vienna con le Vittorie de Christiani. Scritto dal Signor Giovan. Piero da Velcheren Cavalier del S. R. J., Consiglier di Stato, e di Guerra di S M. Ces., suo Generale Vditore, e suo Storiographo. Volgarizzato per opera di Antonio Bulifon, ed accrescinto, di molte noticie. In Vienna d'Austria presso Leopoldo Voigt 1683. E in Napoli presso Giuseppe Roselli 1684. A spese di Antonio Bulifon. Libraro di S. E. Con lic. de' Super. e privilegio.* — 12° 304 SS. u. 18 SS. o P., mit c. Kupfer.

Biblioteca Nacional in Madrid. *2 —**6 A—N 4.

7   **Hocke.** *Kurtze Beschreibung, Dessen Was in wehrender Tuerckischen Belaegerung der Kayserlichen Residentz Statt Wienn vom 7 Julij biss 12 Septembris dess abgewichenen 1683. Jahres, sowohl in Politicis & Civilibus; als Militaribus passiret.*

Durch Nicolaum Hocke, der Rechten Doctorn. Syndicum und Stattschreibern allda. Gedruckt zu Wienn in Oesterreich, bei Leopold Voigt, Gemeiner Statt bestellten Buchdruckern. Im Jahr Christi 1685. 4° 234 SS. Mit 3 Kupfern von Lerch: Allegorie, Entsatz (reproduziert bei Uhlich) und das Wallachische Kreuz (reprod. bei Uhlich u. Camesina).

Wr. Universitätsb. Austr. spec. I 319—340 — Wr. Stadtb. 1 185 — Linzer öff. Bibl. U N 29. - Admonter Stiftsb. L 148 — Stiftsb. zu Vorau Austr. VII B. 6. 3. — Münchner Staatsb. Austr. 67 4°. — (Auct. Feil 2 fl.)

In der Kammeramtsrechnung v. J. 1685 heisst es:

Den 28. February 1685 zalte ich dem Johann Martin Lerch Kupferstecher wegen eines formirten Kupfferstich, so zu der in Truckh aussgangenen beschreibung der Verwicheuen Turkhischen belagerung bey geruckht worden . . . . 35 fl.

Den 7. April zalte jch dem Franz Andre Gramer Burger und Gm. Statt buchbinder wegen der getruckten und durch Herrn Nicolau Hocke beeder Rechten Dr. Gm. Statt Wienn Syndico Primario vnd Stattschreiber beschriben vnd Einem Löb Stattrath Dedicierten Turckhischen belägerung der Statt Wienn 100 Eingebundteuen Exemplarien in 4° in Gestrambten Leeder mit Vergeldten Schnidt, fur iedes Exemplar accvrdierter massen 30 kr. dan 400 auch in dergleichen Leeder ohne Vergoldten Schnidt, iedes per 24 kr. mehr absonderlich wegen eines darein gemachten Kupffers p. 4. fl. . . . 214 fl.

Den 17. April zalte jch dem Herrn Hannss Conradt Ludtwig des Aussern Raths vnd Buchbinder allhier wegen hert gegebenen Kupfferstichen sambt dem Kupffer, welche in dass aussgangene Buch der Türckhischen belägerung eingeleimbworden . . . . 22 fl. 4 ß

Den 12. Juny zalte jch dem Leopold Voigt Buchtruckhern, wegen getruckhter 1500 Exemplarien der Vorbeygangenen Turkhischen belägerung uber die Statt Wienn, jedes Exemplar 30 Bogen in sich haltend ist von einem Lob Statt Rath vor ieden Bogen 15 fl. tractiert worden, bringt zusambeu 450 fl., dan Vor die Kupfer darein zu truckhen Pappier hergeben 3 Riss 15 Buech macht 7 fl. 3) kr. Mehr dem Kupffertruckher von 100 Kupffer zu trucken 15 fl. Item von dem Kleinern Kupffern von 100. 4 ß thuet 7 fl. 4 ß.   480 fl.

(S. VIII. Band der Mitteilungen des Wr. Altertum-Vereines, Camesina: Türkenbelagerung p. XXXIV.)

8   **Ghelen. V. G.** *Kurtze doch wahrhaffte und mit denkwürdigen Umständen verfasste Erzehlung Der im Juli 1683 herrl. Jahres von dem Erbfeinde vorgenomenen Welterschallenen Belagerung von . . . . Wien. Gedruckt im J. Christi 1684. o. O. 4° 72 SS.* mit Portrait vom Stahrenberg.

Münchner Staatsb. Tur 89/8. 8° 4°. — Bibl. d. Hrn. Haidinger Wien 1478.

9   **Ghelen.** *Relazione compendiosa e veridica del famoso assedio*

dell' Imperiale Città di Vienna. Attaccata da Turchi li 14 di Luglio, e liberata li 12 di Settembre 1683. Con la segnalata Vittoria ottenuta dall' Armi Christiane contra l' Ottomane forze nella liberazione della medesima. Descritta da G. V. Ghelen Che fū-presente in tutto l'Assedio et approuata dallo stesso Eccell. Sig. Maresciallo di Stahremberg ec. Con la descrittione della pianta della Città, e forma dell, Assedio. Stampata in Vienna d'Austria. Eristampata in Venezia MDCLXXXIV Appreso Andrea Poletti. Con Licenza de' Superiori. e Priuilegio. Si vende in Marzaria à S. Zulian all' Insegna della Ragione.

8". 8 u. 139 Seiten mit 2 Kupfern. Stahrenberg, Rauchmiller del. et Rossetti scul. — und dem Plane des belagerten Wien.

Wr. Stadtbib. I. 166. — Bibl. civica di Trieste Nr. 4229.

10 **Ghelen.** *Relazione compendiosa, ma veridica di quanto é passato nel famoso assedio dell' Imperial Residenza di Vienna, attaccata d'ai Turchi di 14 di Luglio e liberata li 12 di Settembre 1683. — Aggixntavi la segnalata vittoria ottenota dall' Armi christiane nel Liberare la medesima citta dalle forze ottomane. Descritta da G. V. Ghelen. — Vienna d'Austria. Appresso Gio. van Ghelen Stampator Academico. Con Licentia srperiorvm.* Fo. 28 Seiten mit dem Porträt des Stahremberg.

Münchner Staatsbibl. Austr. 68. Fo. — Biblioteca Nacional in Madrid.

11 **Geelen G. V.** *Relation sur le siége de Vienne assiegée par les Turcs dep. le 14 juillet jusqu'au 12 de septembre 1683.* Bruxelles 1684. 4° 94 Seiten mit 10 Kupfern v. V. Vischer.

Münchner Staatsbibl. — (Auct. Feil 5 fl.)

12 **Ruess.** *Wahrhaffte vnd Gründliche Relation Ueber Die den 14. Julii Anno 1683 angefangene, den 12. Septembris aber glücklich auffgehebte Belaegerung der Kaeys. Haupt- vnd Residenz-Statt Wienn. Beschrieben durch damahlen beywohnenden, und gegenwaertigen Johann Georg Wilhemb Ruess. Gedruckt zu obbesagten Wienn, Bey Johann van Ghelen, der loebl. Universitaet Buchtruckern 1683. Cum licentia superiorum.* 8° 112 SS. Enthält in Form eines Tagebuches die genaue Aufzeichnung aller Vorgänge in und um Wien. Die später erschienenen Relationen und Diarien sind grösstenteils diesem Werke nachgedruckt.

13 Unter demselben Titel aufgelegt durch: *Matth. Wagner Buchdrucker in Ulm* o. J. 8". 78 SS.

14 **Ruess.** *Wahrhaffte und gründliche Relation über die den 14. Julii Anno 1683 angefangene, den 12. Septembris aber glücklich aufgehebte Belägerung der Kayserl. Haupt- und Residentz-Stadt Wienn. Wobey ein Anhang all derer Beute, so bey diesem glücklichen Entsatz gemacht worden, nebst andern lesswürdigen Sachen mehr zu finden. Beschrieben durch den damahlen beywohnenden und gegenwärtigen Johann Georg Wilhelm Ruess, gedruckt im 1684sten Heil Jahr.* o. Ort. 8°. 92 Seiten.
Seite 1—81. Die Relation. Seite 82: Specification Was über den so eilends Flüchtigen Aufbruch der Türkischen Armee von der Stadt Wienn aus dem Läger in die allhiesige Zeughäuser überbracht worden und noch zu überbringen verbleibet. Seite 85: Specification Derjenigen Stück und Pöller, aus Ihro Mayestät Zeughäusern, so in wehrender Belägerung der Stadt Wienn, von dem Feind zerschossen, und theils sonst ruinirt worden. Seite 87: Lista Dess Kraut und Lots, und dergleichen Materialien mehr — so bey dieser Belägerung ...... aufgegangen seyend.
Wr. Stadtb. I. 740. — Münchner Staatsb. 3 Var. 632.

15 **Ruess** *Von Ihro Excellenz Herrn Herrn Grafen von Stahremberg General-Feld-Marschall und Stadt-Commandanten übersehen und approbirte wahrhaffte und gründliche Relation über die den 14. Juli Anno 1683 angefangene (den 12. September aber glücklich aufgehebte) Belägerung der Kais Haupt- und Residenz-Stadt Wien. Beschrieben durch damahlen beiwohnenden und gegenwärtigen Johann Georg Wilhelmb Ruess. Nürnberg 1683.* 8°.
Wiener Stadtbibliothek. — Herzog. Bibl. zu Wolfenbüttel.

16 *Eigentliche Beschreibung von der den 14 Heu Monat im Jahre 1683 angehöbten, den 12 Herbst Mond aber erwünscht aufgehöbten Belägerung der Stadt Wien.* Siehe: Kurtze lesenswürdige Erinnerung von Herrührung Erbau- und Benamsung auch vielfältig anderen alten und neuen Seltenheiten, Bemerk- und Andenkungen sowohl in als um die kays. Haubt- und Residenz-Stadt Wienn etc. etc. Wienn 1702 Fo S. 20—49 mit 2 Plänen und 2 Ansichten von *Suttinger.* Ist der wörtliche Nachdruck der Ruess'schen Relation.

Wr. Stadtbibliothek. — In der Münchner Staatsbibl. die 4. Ausgabe. Austr. 43 a — unter m. Kleinigkeiten.

17 *Glaubwürdiges Diarium Und Beschreibung dessen, Was Zeitwährender Türkisch. Belägerung der Kayserl. Haupt- und Residentz-Stadt Wienn vorgegangen. Von einem Kayserl. Kriegs-Officier, so sich vom Anfang biss zu End darinnen befunden, wahrhafftig verzeichnet und zusammengetragen. Anno christi MDCLXXXIII. (Eine Vignette den Merkur darstellend.) Ulm, Druckts Matthäus Wagner.* 8°. 51 SS. und 13 SS. Anhang o. P.

Auf Seite 1—51 der wörtliche Abdruck der Relation von Ruess, sodann als Anhang: „Teutsch Poetisches Te Deum laudamus." „Vienna a Turcis quidem oppugnata, sed illustrissimi comitis Ernesti Rudigeri a Starenberg, supremi militiae ducis & praefecti virtute & consilio secundum Deum non expugnata" und „fernerer Summarischer Bericht, der von den christl. Armeen wider die Türken erhaltenen abermalig-herrlichen Victori bey und durch Eroberung der Stadt und Vöstung Barkan und Gran." Das ganze mit sieben schlechten Porträts (Vogel Fec.).

Münchner Staatsb. Austr. 75. — Wr. Universitätsb. h. austria sp. I. 1301.

18 *Dasselbe: Regenspurg druckts Paul Dalnsteiner 1683.* 4°. 16 Seite 4°.

Münchner Staatsb. Turc. 89/3. 4°.

19 *Dasselbe: Strasburg | Gedruckt und zu finden bey Friderich Wilhelm Schmuck 1683.* 19 Bl. 4°.

Herzogl. Bibl. zu Wolfenbüttel.

20 *Glaubwürdiges Diarium und Beschreibung dessen was Zeit währender Türckischen Belagerung der Kayserl. Haupt- und Residentz-Stadt Wien täglich vorgangen. Von einem Kayserl. Officier, so sich vom Anfang biss zum Ende darinnen befunden, wahrhafftig verzeichnet und zusammen getragen Anno 1683.* 4°. 4 Bogen o. P. Nachdruck der Ruess'schen Relation.

Stadtbibl. I. 472. — Wr. Universitätsbibl. austr. spec. I. 1301. — Münchner Staatsb. III. Austr. 176/15 4°.

21 *Dasselbe. Prag 1683.*
22 *Dasselbe. Frankfurt 1683.*
23 *Dasselbe mit der Unterschrift „Erstlich gedruckt zu Regenspurg. 1683."* 4°. 16 Blätter.

Bibl. d. Hrn. Haidinger in Wien. 1484.

24 *Dasselbe. Nürnberg, Gedruckt bey Balthazar Joachim Endler 1683, 4⁰.*
  Nationalbibl. zu Paris.

25 *Glaubwürdiges Diarium und Beschreibung dessen was Zeit währender Türkischen Beläyerung der Kayserl. Haupt und Residentz Stadt Wien vorgegangen. Vom 2. Juli an bis den 14. September St. N. von einen Kaiserl. Offiziren so sich von Anfang bis zu End darinnen befunden, wahrhafftig verzeichnet und zusammen getragen, wobey eine wahrhaffte Erzählung, welcher Gestalt der ..... Dolmetsch ... Namens Georg Franz Koltschitzky .... sich mit grosser Gefahr aus Wien durch das türkische Lager gewaget und ...... in Wien angekommen. Wien 1683. 4⁰. 40 SS.*

26 *Dasselbe nachgedruckt: Salzburg bei Johann Baptist Mayer am Fischmarkt. 4⁰. 14 Bl.*

27 *Dasselbe nachgedruckt: Regensburg 1683. 4⁰. 32 SS.*

28 *Dasselbe nachgedruckt: Franckfurt am Mayn | In Verlegung David Zummer 1683. 40 SS. 4⁰.*
  Herzogl. Bibl. zu Wolfenbüttel.

29 *Ausführliches Diarium oder Journal, was sich in wärender Belägerung der Kayserl. Residentzstadt Wien in und ausser derselben, zwischen dem Erbfeind und den Belagerten von Tag zu Tag zugetragen. Breslau bey Gottfried John, Zeitungsschreiber 1683. 4⁰.*

30 *Diarium oder Tag-Verzeichniss alles dessen Was sich in der grausahmen Türckischen Belagerung der Kayserl. Residentz-Stadt Wien zugetragen | und was davor mit Miniren | Feuereinwerfen | Stürmen und dergleichen Actiones vorgegangen | biss sie nach 9-wöchigem ausgestandenem harten Bade | durch Gottes gnädigen Beystand mit Eroberung des gantzen Türckischen Lagers | Canonen | Feuermörser | Krieges-Munition und Zelten entsetzet | und die Türcken mit Schimpff und Spott davon abgetrieben worden. Von einem Kays. Officier | so sich vom Anfang biss zum Ende darinnen befunden | warhafftig verzeichnet und zusammen*

4

getragen. Hamburg. Bey Thomas von Wiering im gulden A. B. C. bey der Börse | im Jahre 1683. 16 Blatt in 8°. o. P.

Blatt 1 b: Nachdem die Türckische Armee sich unweit der Vestung Raab jenseits des Wassers dieses Nahmens gesehen lassen etc. Münchner Staatsb. Germ. g. 225 g. — Hamburger Stadtb. I. F. III. 171 k.

31   *Dasselbe; Hannover | Bey Nicolaus Förster Buchführer in der Cramer Strassen* 18 Bl. 4°.

Herzogl. Bibl. zu Wolfenbüttel.

32   **Franciscus.** *Der blutig-lang-gereitzte endlich aber Sieghafft-entzündete, Adler-Blitz, wider den Gluntz dess barbarischen Sebels, und Mord Brandes, In historischer Erzehlung der Kriegs Empörungen Ungarischer Malcontenten, wie auch grausamen Kriegs Verwüstung der Ottomanisch-Tartarischen, in Ungarn, und dessen Nachbarschafft, sonderlich aber vor der belägerten Keyserlichen-Residentz Stadt Wien entsetzlich wütenden, endlich aber, vermittelst göttlicher Hülff-Verleihung, von Römisch-Keyserlichen und Königlich-Polnischen, wie auch anderer hohen alliirten Chur-Fürsten und Stände Waffen, tapffer gebrochenen, und siegreichlich-überwundenen Heer Macht, hervorleuchtend. Nebst Vor Erzehlung der Fürnehmsten Händel, und Feindseligkeiten, die seit dem vorigen Türcken-Kriege und dessen Friedens-Schluss in Ungarn, wie auch Polen, zwischen den Christen, Türcken, Tartern, und Cossacken sich begeben. Mit wahrhaffter und auffrichtiger Feder vorgestellt durch Erasm. Franciscus. Nürnberg In Verlegung, Johann Andreae Endters Seel. Söhne Anno MDCLXXXIV.* 4°. 372 Seiten mit 14 Kupfern.

Wr. Stadtbibl. I. 1927.

33   **Francisci Erasm.** Schau- und Ehren Platz Christlicher Tapferkeit etc. (Siehe I. Teil Nr. 87). — Von der 2. Belagerung im Anhange S. 1—80. Seite 79: Frolockende Aria an den siegreichen Roemischen Adler.

Wr. Stadtb. I 184. — Münchner Staatsb. Austr. 118. 4°. — Herzogl. Bibl. zu Wolfenbüttel.

34   **Huhn.** *Raritäten oder umständliche Beschreibung, was Anno 1683 vor, bey und in der denkwürdigen türkischen Belägerung Wien vom 7 Julii bis 12 September täglich vorgelauffen. Ent-*

worffen von einem Teste occulato Christian Wilhelm Huhn, geschworner königl. Oberamts und der Fürstenthümer Bresslau, Brieg und Oelsse im Schlesien königl. und fürstl. Regierungs Advocato Ordinario. Wien 1684. So angezeigt von J. v Hammer. Ich kenne nur folgende Ausgaben:

35 **Huhn.** *Nichts Neues und Nichts Altes oder umständliche Beschreibung, was Anno 1683 vor, bey und nach der denkwürdigen türkischen Belagerung Wiens vom 7 Juli bis 12 Septemb. täglich vorgelauffen. Breslau 1717.* 238 SS. 8°.

36 *Dasselbe. Breslau 1728.* Vergleiche Schimmer: Wiens Belagerungen S. 341.

37 **Huhn.** *Raritäten oder umständliche Beschreibung was Anno 1683 vor, bey, und in der denkwürdigen türkischen Belagerung Wien, vom 7 Julii bis 12 September täglich vorgelauffen .... Wien Johann Georg Mössel 1783* 8°. 184 S. S.

38 *Die grausame Belägerung Der Kayserl. Residentz Stadt Wien. Durch Achmet II jetzt regierenden Kayser. Geschehen im Jahr 1683. Worin eigentlich beschrieben wird | alles was in solcher Belagerung Merckwürdiges | so wol in der Stadt | als auch im feindlichen Lager | sich begeben und zugetragen; Biss selbige durch Göttlichen Beystandt von den König in Pohlen | die Churfürsten von Bayern und Sachsen | wie auch andern hohen Alliirten und Reichs Fürsten | am 2/12 September victorieus ist entsetzet worden. Nebenst einem eigentlichen Abriess solcher Belagerung und hoher Persohnen | welche dem Entsatz persöhnlich mit beygewohnet. Hamburg Gedrucket bey Thomas von Wiering | bey der Börse in gulden A. B. C Anno 1684.* 8°. 32 Seiten.

Münchner Staatsb. Germ. g. 225 g.

39 *Inhalt der denkwürdigsten Sachen, welche von Anfang der Belagerung Wienn, Theils In, theils ausserhalb der Kaylichen (sic) Erbländer beschehen seynd. Zu finden in Saltzburg bei. Johann Baptista Mayr.* 4°. (Mit dem Bildnis von Kolschitzki.)

I n h a l t:
1. Warhaffte Erzehlung, wie die erste Kundschafft durch das feindliche Lager gebracht worden etc.
2. Glaubwürdiges Diarium, was zeitwährender Türkischer Belägerung etc.
3. Ein teutsch poetisches Tedeum Laudamus.
4. Copia eines Schreibens, welches Ihro Mayestät der König in Pohlen etc.
5. Die ausgelegte vnd erklärte Ottomanische Standarte.
6. Vortrag vnd Rede an Ihro Paebstl. Heiligkeit bey Ueberlieferung der Ottomanischen Standarte.
7. Ein lateinisches Te Teum laudamus.
Münchner Staatsb. Europ. 152. 4⁰. — Admonter Stiftsb. — Bibl. d. H. Haidinger in Wien. 1485.

40   *J. N. D. Ausführl. und gründliche Erzählung, dessen | was sich vor würcklicher Belagerung der Kayserlichen Haupt- und Residenz Stadt Wienn in Oesterreich Im Jahr Christi MDCLXXXIII zu getragen.* 4⁰. 80 Seiten.
Münchner Staatsb. Eur. 93. 4⁰. — Wr. Universitätsb.
Anfang: „Sobald in dem Kayserlichem Läger vor Neuhäusel sichere Kundschafft eingelauffen dass der Turkische Gross Vezir etc."
Seite 73. Specification Was über so eilends flüchtig. etc. Seite 74. Verzeichniss der auf die Pasteien aufgeführt. Stuck. Seite 75. Specificat. Derjenigen Stücke und Pöller aus Ihro Kaiserl. Mayj. Zeughause. 76. Lista des Kraut u. Loots. Seite 79. Frolockende Aria an den siegreichen Rom. Adler.

Adler König aller Vögel
Schwinge durch der Flügel Segel. etc.

41   *Wahrhaffte unnd gründliche Relation von Ihro Excellenz Herrn Grafen von Stahremberg, General Feldmarschall und Stadtkommandanten über die den 14 Julii anno 1683 angefangene den 12 Septembris aber . . . . aufgehebte Belägerung der kays. Haupt und Residenz-Stadt Wien. Nürnberg* 4⁰. 48 S. S.

42   *Diarium welches der am Türckischen Hoff, und hernach beynn Grossvezier in der Wiennerischen Belägerung gewester Resident Baron Kunitz eigenhändig beschriben . . . . Nebst ausführlicher Relation der Wienerischen Belägerung 1684.* o. O. 4⁰ 40 SS. — Nach einer gütigen Anzeige des Hochw. Herrn Archivars P. Wichner in Admont.
Admonter Stiftsb.

43 *Dreyfacher Teutscher Helden Krieg, Oder Kurtze doch gründliche Beschreibung der Wiener Belagerung Und Blutigen Eroberung von Neuhäusel und Ofen. Zum Druck befördert. Prag 1686.* 4° Gefäll. Anzeige des Herrn Dr. Jsler in Hamburg.
Hamburger Stadtb. I F III 172 K

44 *Extract eines Schreibens aus Wien den 4/14 September worinnen enthalten, was sich von Anfang bis zu Ende bey der Wienerischen Belagerung denkwürdiges begeben, und zugetragen wie solche nämlich den 17. July von den Türken ec. belagert und den 2/12 September . . . . . glücklich mit rühmlichster Victoria entsetzt worden 1683.* o. O. 4°.

45 **Freymund.** *Entdecktes Wienerisches Cabinet | Darinnen die ietzige hochdringliche Gefahr des Kayserlichen Hofes | benebens denen Mitteln | wie solchen zu begegnen | vnd den Kayser sowohl alss dem gantzen Reiche | die gewündschte Wohlfahrt wieder herzubringen sey. vorgestellet wird durch Christian Freymundum. Gedruckt im Jahr 1683.* 6 Bl. o. P.
Bibl. des Hrn. Haidinger in Wien. 1492.

46 *Ausser-Extraordinar-Curier | Mit sich bringende: Einen ausführlichen Bericht desjenigen Was sich von Anfang der scharffen Belägerung der Kaiserl. Residentz Stadt Wien Biss auf deroselben höchst glücklichen Entsetzung Merckwürdigst ereignet und zugetragen. Gedruckt den 14/24 Herbst Monat 1683.* 4°. ein Bogen o. P.
Bibl. d. Hrn. Haidinger in Wien. 1492. — (Auct. Feil 2 fl. 12 kr.)

47 *Ausführliche Vorstellung des wahrhaftigen Verlaufs die bisherr scharfe Belagerung der Welt-berühmten Kayserlichen Residentz-Stadt Wien, Samt derselben höchst erfreulich glücklichen Entsatz, betreffend, Wie auch der Tapfermüthigen Helden, so hierunter verzeichnet Conterfait Anno 1683. Nürnberg und Leipzig.* (Ein auf einer Seite bedruckter Bogen in Fo.) Nach einer gütigen Mitteilung des Herrn Hofrathes v. Förstemann in Dresden.
Königl. Bibl. in Dresden. Hier. Germ. D. 219 m. 16. jedoch ohne Abbildungen.

48. *Umständlicher Verlauff der merkwürdigsten Begebenheiten ›| Welche sich so wol Türckischer Seits | bey entsetzlicher Belägerung der Kayserl. Haupt- und Residenz-Stadt Wien | Als auch auf Seiten der Christen | bey hochstglücklicher Entsetzung derselben | ereignet. Anno 1683.* Ein Bogen in Fo. auf einer Seite bedruckt. Nach dem Titel ein Kupfer mit der Schlachtordnung darunter in drei Spalten der Text:

„*Obgleich die Weltberühmte Stadt Wien in Oesterreich von denen grimmigen Türcken und Tartern, vor kurzer verwichener Zeit mit mehr als 150.000 Mann belägert — worden etc.*“

Münchner Staatsbibl. Turc. 90/8 4°.

49 *Das Geängstigte und wider erquickte Wien, fürstellend Ein Tägliches Tags-Register | was von Zeit zu Zeiten | in wehrender Belägerung fürgefallen | mit beygefuegter umständlichen Beschreibung des glücklichen Entsatzes | aus Wien überschickt. Augspurg ·| gedruckt bey Jacob Koppmayer 1683.* 4°. 1 Bogen o. Pag. Mit 1 Kupfer. (Moldauer Kreuz) Blatt 1 b unbedruckt.

Blatt 2 a. *Den 13. Julij liesse sich der Feind mit völliger Macht vor hiesiger Stadt ohnweit der Favorita sehen etc.* Am Schlusse: *Heut den 16. geht Unsere Armee dem Feind nach | und haben unsere Vortruppen | Gestern dess Feinds Nachtruppen geschlagen.*

Bibl. d. Hrn. Haidinger in Wien. 1480. — Münchner Staatsbibl. Turc. 90/7 4°.

50 *Diarium Welches am Sonntag den 12. Septembris 1683 nach glücklich von der Türckischen Belaegerung befreyten Statt Wien in dem Türckischen Lager gefunden worden. Nebst ausführlicher Relation der Wiennerischen Belägerung | Auch was vorhero | Als die Tartarn denen Vnserigen bey Regels-Brunn in die Arriereguarde eingefallen (so den 7. Julii 1683 geschehen) passirt. Sambt Der Beläger- vnd Eroberung beider Vestungen Baracan | vnd Gran. Auch Einer Lista derjenigen Bassen | so in Person der Belägerung obgedachter Statt Wien beygewohnet. Im Jahr 1684.* 4°. 38 Seiten.

Münchner Staatsbibl. Diss. 1423. 4°.

51 *Relation das ist, Gründliche Beschreibung | was sich der Zeit von 7. Julij biss 10. September bey Belägerung der Kayserl.*

Residentz Statt Wienn in ein vnd andern Denckwürdig zugetragen. 4°, ½ Bog. o. J. O. u. P.

Anfang: Den 7. Julij haben die Tartarn 4 Meil. von Wienn bey dem Dorf Ellend, der Kays. Cavallerie ihre Pagage angetroffen.

Münchner Staatsbibl. Turc. 89,24. 4°.

52 (**Fischer.**) *Diarium Oder Weitläuffig vnd gründliche Beschreibung | von der Kays. Haupt- und Residentz-Stadt Wienn | In Unter-Oesterreich | im Viertel unterm Wienner wald liegend; welche vom 14. Julij biss 12. Septemb Anno 1683. 61 Tag von des Türckischen Kaysers Sultan Machomet Kriegs-Volck anfänglich in die 200.000 Mann bestehend | so ihr Logament rings umb die Stadt mit 22 Lagern gemacht | ist belägert worden | nebst einer ausführlichen Specification aller hierbey gebliebener Hoch- und Nieder-Officieren. Regenspurg | Druckts Aug. Hanckwitz.* 4°. 10 Blatt ohne Pag. Blatt 1 b und Blatt 10 unbedruckt.

Am Schlusse: *Beschrieben durch einen in der Wiennerischen Belägerung unter dem Grüfl. Schiffenberg. Regim. gewessen Voluntire, den Gott auch vor Unglück behütet hat. Der sich nennt Johann Ferdinand Fischer.*

Münchner Staatsbibl. Diss. 1149. 4°. — Bibl. d. Hrn. Haidinger in Wien. 1489.

53 *Summarische Relation. Was sich in währender Belägerung der Stadt Wien in- und ausser deroselben zwischen dem Feind und Belägerten von Tag zu Tag zugetragen. Ordentlich und mit sonderbarem Fleiss beschrieben und in Druck gegeben von einem in gedachter Stadt mitbelägert gewesten Hof-Cantzley-Bedienten* †*.*†*.*†*.* *Fernere Beschreibung Wie, und wo der Angriff der Entsatzung der Kayserl. Residentz-Stadt Wien angeordnet und beschehen, auch was man, nach glücklich erfolgtem Entsatz an Beuth erobert, und was sonsten Schrifft-würdiges sich dabey zugetragen, ist alles hierinn ordentlich beschrieben — Nürnberg. bey. Leonhard Loschge findet man die wahre Abbildung der Belägerung und Entsatz der Kayserl. Residentz Stadt Wien, wie auch der Tapffermüthigen Helden Conterfät. so den Türkischen Tyrannen in die Flucht geschlagen, in Kupffer.* 4°. 15. Seiten.

Auf Seite 12: *Eigentlicher Bericht Wie, und wo der Angriff der Entsatzung der Kayserl. Residentz Stadt Wien angeordnet und beschehen, auch was man nach glücklich erfolgten Entsatz an Beuth erobert, und was sonsten Schrifftwürdiges sich dabey zugetragen, ist alles hierinn ordentlich beschrieben.*

Wr. Stadtb. I. 477. — Bibl. d. Hrn. Haidinger in Wien. — Münchner Staatsbibl. Turc. 89/28. 4°. — Herzogl. Bibl. zu Wolfenbüttel — auch unter meinen Kleinigkeiten (2 fl.).

54 *Summarische Relation Was sich in währender Beläyerung der Statt Wien in vnd ausser deroselben zwischen dem Feind und Belägerten von Tag zu Tag zugetragen. Ordentlich vnd mit sonderbaren Fleiss beschriben vnnd in Druck gegeben von einem in gedach. Statt mitbelägert gewesten Hof Cantzley-Bedienten.* Darunter beginnt der Text: „*Nachdem den 12 Julij die Kundschaft eingeloffen dass die Türk. Vortruppen etc.*" 4°. 6 Blatt o. P.

Münchner Staatsbibl. Eur. 64 a 4°. — Bibl. d. Hrn. Haidinger in Wien. 1481. — K. Universitäts- und Landesbibl. in Strassburg.

55 *Dasselbe*, gleicher Titel: „*Regenspurg Druckts Paul Dalnsteiner.*" 4°. 8 Blatt.

Münchner Staatsbibl. Turc. 89/27. 4°. — Bibl. d. Hrn. Haidinger. 1488.

56 *Kurtze doch gründliche Beschreibung Alter und Neuer Wiener-Belägerung, Welche sowol Anno 1529 als Anno 1683 von dem Türkischen Erb-Feinde jedesmahl vergeblich gethan, und durch Gottes Gnade von den Christen glücklich entsetzet worden. Sampt der Römisch. Kayserl. Residentz-Stadt Wien eigentlicher Abriss und Fortification, Wie auch Des Türckischen Feld-Lagers, Lauffgräben | Battereyen und Verwüsterung zu ersehen. Gedruckt im Jahr 1684. o. O. 4°.* 2 Bogen o. P. (mit 1 Kupfer. Wien aus der Vogelschau H. 21 Br. 31 cm.) Von der II. Belagerung S. 6. bis zum Schlusse.

Wr. Stadt-Bibl. I. 749. — Bibl. d. Hrn. Haidinger. — (Auct. Feil. 1 fl.)

57 *Sonderbahre Particular-Schreiben Auss Lintz. Sub dato 12. und 14. September, Anno 1683.* 4°. 1 Bogen ohne Pag.

Anfang: *Durch jüngst auss dem Kayserl. Feldlager arrivirten Currier hat man sovil Nachricht etc.*

Münchner Staatsb. Turc. 89/15. 4°.

58 *Drey Particular-Schreiben Auss den Kayserl. Feld-Lager | dann auch von Lintz vnd Wienn | Mitbringend Die wider den Türcken ohnweit Percan erhaltene Siegreiche Victori. Sambt*

Einer Lista was Zeit während der Belägerung in Wienn | an vornehmen Officiern geblieben. Sub dato 13. 16. Oktob. Anno 1683. 4°. 1 Bogen ohne Pag.

Anfang: „Vergangenen Pfingstag als den 7. Oktober hat der König in Pohlen zu dem Herzog v. Lothringen geschickt etc."

Münchner Staatsb. Turc. 89/17. 4°.

59 *Ausführliche Relation was sich vor und absonderlich in, auch nach der Belagerung der Kayserl. Residentzstadt Wien von 7. July bis 16. Septembris 1683 zugetragen.* o. O. 4°. 1 Bogen ohne Pag.

Münchner Staatsbibl. Turc. 89/34. 4°.

60 *Dasselbe*, andere Ausgabe o. O. u. Datierung 4°. 6 Blatt o. P.

Münchner Staatsbibl. Turc. 89,33. 4°.

61 (**Lerch.**) *Wahrhaftige Erzehlung Welcher gestalt in der ängstlichen Türckischen Belägerung der Kayserlichen Haupt- und Residentz-Stadt Wien in Oesterreich durch das feindliche Lager gedrungen und die erste Kundschaft zu Kays. Haupt Armata, wie auch von dar glücklich wieder zurückgebracht worden. Mit beygefügter Kupfer Abbildung. In währender Belägerung-Zeit beschrieben vnd an den Tag gegeben Durch J. M. L. (erch) Cum Licentia Supériorum. Gedruckt zu Wien in Oesterreich. Hernach zu Saltzburg bey Johann Baptist Mayer am Fischmarkt im J. 1683.* 4°. 6 Blatt mit zwei Kupfern. (Koltschitzki u. d. Moldauer Kreuz.) Siehe: Nr. 25, 39 u. 73

Münchner Staatsbibl. Turc. 89,5. 4°. — Bibl. d. Hrn. Haidinger. — Admonter Stiftsb.

62 *Das heldenmüthige | wiewol gefährliche Unterfangen | Herrn Georg Frantzen Koltschitzky | Welchergestalt derselbe | in ängstlicher Türkischer Belägerung der Kays. Haupt Residentz-Stadt Wien in Oesterreich | durch das feindliche Lager gedrungen | und die erste Kundschaft zur Kaiserl. Haupt Armata, wie auch von dar glücklich zurückgebracht habe. Mit beygefügter Kupfer Abbildung. Nebst einem Abdruck einer neuen Gedächtniss Müntze von vermeldter Belägerung Wien 1683. Mit dem Bilde Koltschitzky's.* 8°. 13 Seiten.

63 *Dasselbe.* Salzburg, 1683.

Bibl. d. Hrn. Haidinger. 1483 b.

64 *Dasselbe. „Erstmal gedruckt zu Wien, anjetzo zu Nürnberg bei Balthasar Joachim Endler. Im Jahr Christi MDCLXXXIII."* 6 Blatt o. P. 4⁰.

Münchner Staatsbibl. Turc. 89/39. 4⁰ — Königl. Kreisbibl. zu Regensburg — Bibl. d. Hrn. Haidinger in Wien. 1483 a.

65 *Curiöse Denkwürdigkeiten des Österreichischen triumphirenden Adlers: Das ist | Ausführliche Beschreibung | aller in währender Belagerung und Entsatz der Kayserl. Residentz-Stadt Wien vorgelauffenen Denk- würdigsten Begebenheiten; So wohl die Belägerung | als den Entsatz selbsten betreffend. Zusammt des klugen und Heldenmütige Koltschitzky | wohlgelungenen Unterwinden | seiner aus der Stadt Wien glücklich verrichten Reise in das Lager zu dem Herrn Herzog von Lothringen – der Türkisch-verlustigten Haupt Fahne | dem wieder eroberten Wallachischen Kreutz | Einem Sinnreichen und Nervösen Relations Schreiben | Seiner Königl. Majest. in Pohlen | an dero Gemahlin | wegen erhaltener Victori. Und dann auch einer accuraten Ungarisch- und Österreichischen Land Charte | mit bei gefügter Specification oder Verzeichniss | alles dessen was von eroberter Munition des Türcken | in die Wiennerischen Zeughäuser eingebracht und geliefert worden | sammt vielen andern Curiositäten und raren Kupfer Bildnussen mehr. Alles in ordentlichen verfasst zusammen getragen und herausgegeben. Nürnberg | In Verlegung Leonhard Loschge 1683.* 20 Seiten 4⁰. Mit Kupfern. —

Bibl. d. Hrn. Haidinger Wien. 1479. — Herzogl. Bibl. zu Wolfenbüttel.

Zur Koltschitzky Literatur wären hier noch anzuführen: *Bruckmann*, Epistolarum itinerariarum centuriae tres Brunsvg 1756 p. 525. — *Gräffer*, Koltschitzky, Wiens Kundschafter während der türkischen Belagerung im Jahre 1683 und erster Kaffehwirth dieser Stadt (Hormayr's Archiv 13. Jahrg. 771). — *Vogel*, Koltschitzky (Vogel's Volkskalender 1848. S. 35) — Eingaben Kolschitzky's an den Wiener Stadtrath um Belohnung seiner Dienste (Camesina: Wiens Bedrängnis pag. XXXI—XXXIV.) — *Bermann*, das erste Caféhaus des Bruder Herz (Wiener Telegraph 1860. S. 365). — *Realis*, Franz Koltschitzky (Memorabilien Lexicon III 111—113 m. Holzsch.) — Notizen: in Birken's, Donaustrom (Nr. 70) mit Kupfer. — Hammer's Ottomanischer Geschichte und vielen anderen Werken über die Türkenbelagerung vom Jahre 1683.

66 *Des scharfsichtigen Kayser-Adlers I und II Theil d. i. unpartheiische vorgestellte Kay.-Kriegs Handlung wider die sogenannten Hungrischen Malcontenten und Türkisch - Tatarische*

mächtige Kriegsheere mit einem Anhang von der Belagerung
Wiens 1683 bis 84. o O. 12° mit Kupfern.

67   Wahre Verzeichnuss und Situation der Kayserlichen Residentz-Stadt Wien | von deren Vrsprung | Erbauung | und unterschiedlichen Veränderungen | sampt gewaltiger Türckischen Belägerung | was sich in währender Zeit mit solcher zugetragen | auch wie endlich sie | durch sonderbare Hülffe Gottes | den 12 Septemb. dieses 1683 Jahres von ihrer harten Belägerung befreyt worden. Getruckt im Jahr 1683. 2 Bll. 4°. Gefäll. Anzeige des Herrn Dr. von Heinemann in Wolfenbüttel.

<small>Herzogl. Bibl. zu Wolfenbüttel.</small>

68   Brenn und Belägerung der Ungarischen Hauptfestung Neuhäusel, und des Gränzhauses Barcan absonderlich ist auch beygefügt eine ausführliche Specification aller bewehrten Mannschaft, welche sich in Wien zeitwehrender Belägerung gegen den Erbfeind gebrauchen lassen, dessgleichen Inventarium aller im Türkischen Läger hinterlassenen Proviant Munition, und andere Kriegsmaterialien 1683. 4°.

69   Hungarisch Türkische Chronika d. i. curieuse und dabey kurzgefasste Beschreibung alles dessen, was sich von ersten grausamen Kriegszug der Türken wider das Königreich Hungarn etc. zugetragen (1393—1683). Dabey auch ausführlich gemeldet wird was sich jüngst vor, in und nach der Belagerung der Stadt Wien sonderlich den Entsatz derselben betreffend ereignet hat. Mit Kupfern Frankfurt und Leipzig 1684. 8°.

70   **Birken Sigmund von.** Neu vermehrter Donau Strand, mit allen seinen Ein und Zuflüssen, angelegenen Königreichen, Provinzen, Herrschaften und Städten, auch derselben alten und neuen Namen, vom Ursprung biss zum Ausflusse in dreifacher Land-Mappe vorgestellt; Auch mit einer kurtz-verfassten continuirten Hungarischen- und Türckischen Chronik Samt 70 Kupfern ec. . . . . Hervorgegeben und verleget von Jacob

Sandrat Kupfer Stecher und Kunsthändler in Nürnberg. Gedruckt im Jahre 1684. II. Auflage 1688. 12°. 322 Seiten. Dieses Werk bringt pag. 201—232 eine flüchtige, auf der Relation des Ruess beruhende Darstellung der Belagerung.

71 **Feigius Joh. Constant.** *Von der Wienerischen Belägerung und den denkwürdigen Hof u Kriegs-Geschichten | so sich Anno 1683 ereygnet haben.* Siehe: Wunderbahrer Adlers Schwung Oder fernere Geschichts-Fortsetzung Ortelii Redivivi et continuati. Das ist Eine ausführliche Historische Beschreibung dess noch anhaltenden Türken Kriegs etc. o. O. (Wien) Leopold Voigt 1684. II. S. 26—95.
Wiener Stadtb.

72 **Schaffen.** *Aufferweckter Christen-Ruhm | Das ist: Kurtzer Begriff Christlicher Waffen | welcher Gestalt selbige An. 1683 über die angetrungene grausame Türckische Macht zur Heldenmüthiger Gegenwehr erweckt | Krafft Göttlicher Dreyheit | vereinigter Christenheit | geschlossener Liga in vielfältiger hinterlegten Schlachten | Scharmützeln | Beläger- und Eroberungen von der Gegend dess Asiatischen | durch das Königreich Hungarn hin | an das luxinische Meer | biss jetzt zu Endlauffenden 1686 Jahres wider die Ottomanische Porten siegreich fortgesetzt worden. Sambt auch den Uhrsprung solchen Kriegs | und 10 Kupferstücken der recuperirten Städten und Vestungen gezirt | Zusammen getragen durch Laurentium Schaffen. A. A. L. L. & Philosophiae Magistrum. Wienn | Gedruckt bey Susana Christina Cosmerovin | 1686.* 12°. 2 Blatt o. P. 284 SS.
Gefäll. Anzeige des Herrn Dr. Müller in Olmütz. — Olmützer k. k. Bibl. XLIII. h. 8.

73 **Happel E. G.** *Thesaurus exoticorum oder eine mit auszländischen Raritäten wohl versehene Schatz Kammer fürstellend die Asiat. African. und American. Nationes etc. Beschreibung der Turkey und Ungarn etc. Mit vielen Kupfern u. Holzschn. Hamburg 1684. Fo.* Im vierten Teile: Lebenslauff und Siegreiche Thaten des itzo glorwürdigsten regierenden Römischen Kaysers und

Ungarischen Königs Leopoldi I. In eben diesem Teile Seite 30: *Die Belagerung der Stadt Wien.* Ein genaues Tages-Verzeichnis, wol nach der Relation des Ruess. S. 38: *Abbildung und Beschreibung | wie und welcher Gestalt, dieser Georg Frantz Kolschitzky die Kundschafft aus und in Wien gebracht.* Mit einem Holzschnitte. (Kolschitzky nach Lerch) S. 48: *Lista der Tuerckischen Macht vor Wien | Wie dieselbe am 18. Tag des Monats Ramesan ist befunden worden.* S. 50: *Lista der Jenigen | so in der Belagerung biss 7. Septembris verwundet | erschlagen | gefangen oder Natürlich gestorben sind.* S. 51: *Die Lista der sämptlichen Auxilier Troupen. Kayserl. Cavallerie u. Dragoner.* S. 52: *Rühmlicher Entsatz der Stadt Wien.* S. 54: *Specification der erbeuteten Munition.* S. 55: *Lista der Kays. Officiere | so in der Belagerung Wien todt geschossen worden — Freundliche Zusammenkunfft hoher Häupter.* S. 57: *Eine curieuse Müntz auff den Entsatz von Wien geschlagen — Türckische eroberte Hauptfahne.*

Kupfer: Zu S. 52: *Entsatz von Wien.* Schöner Stich, vorne die Schlacht, im Hintergrunde das belagerte Wien. Mit den Medaillonporträts von *K. Leopold, Stahrenberg, Mahomet IV.* und *Kara Mustapha, Sobiesky, Churf. v. Sachsen, Churf. v. Bayern, Hertzog v. Lothringen u. Fürst v. Waldeck.* Blatt in Quer-Folio. J. Wichman fec.

Zu S. 30: *Ernst Rüdiger Graffen v. Stahrenberg* zu Pferde, im Hintergrunde die Stadt Wien. Folio o. Angab. d. Stechers. Mit folgenden Versen. *Diess ist Graff Stahrenberg! Der Türcken Furcht und Schrecken — Dess nie verzagte Hand solch jagen kan erweken — Dass alles bett und laufft, Gott spahre uns doch den Held — Dass Er durch Deine Krafft Land Volck und Wien erhält.*

Dritter Kupferstich: Wien aus der Vogelschau nach Houfnagel. Wr. Universitätsbibl. Geograph. III. 57.

74 **Boethius Christoph.** *Ruhm belorberter Triumph leuchtender Kriegshelm dero Röm. Kayserl... Mayest... Wider den Blut besprengten Türkischen Tulband. Zum drittenmal aufgelegt Nürnberg 1688.* 6 Teile. 4°.

Von der Belagerung I. Seite 65—163 mit Kupfern, worunter ein Blatt in Quer-Folio überschrieben: „Wahre und Eigentliche Vorstellung der im Jahre 1683 am 14. July angefangenen Belagerung von Wien." Im Bde. II. S. 386 findet sich ebenfalls ein Kupfer in Quer-Folio mit den Porträts der drei Resytko's, welche Stern und Mond vom St. Stephans-Turme abnamen. (Vergleiche die Beschreibung i. d. Abteilung: Bildliche Darstellungen.)

Wr. Universitätsbibl. Austr. univ. I. 785. — Hamb. Stadtbibl. I. D. 86.

75 **Im—Hof.** *Relatio Historico Politica occupata circa φιλοσοφίαν εκ παρταδεηγμάτων die der Aristoteles Historiam του διοπ nennt. Hinterbringt alle vom Erzhause Oesterreich mit den Türken geführten, glücklichen und unglücklichen Kriege continuirt bis auf die letzte Action der Christ-helffichen Entsatzes der Residenz Stadt Wien und Eroberung der Vestung Gran. Von Im—Hof Johann Hieronymus v. Merlach Bamberg, Raths. Sulzbach 1684.* 4°. Mit Kupfer. (Nach einem Citate Hammer's.)

76 *Mercks Wien, und Gedenck daran Oesterreich! D. i. ausführl. Bericht, was sint Nachlassung der grausamen Contagion in Wien, mit deroselben erschröcklichen Belagerung und darauff erfolgten glückl. Entsatz etc. zugetragen. 1684.* 8°. (Abdruck der Ruess'schen Relation.)

77 **Krekwitz.** *Totius Regni Hungariae superioris & inferioris accurata descriptio. Das ist Richtige Beschreibung Dess gantzen Königreichs Ungarn. Frankfurt 1686.* II. Belagerung S. 983 bis 1015.

Wr. Universitätsbibl. Hung. I. 5.

78 **Han P. C. B.** *Alt- und Neu-Panonnien. Nürnberg 1686.* V. d. Belagerung S. 539—565.

79 *Theatrum Europaeum.* Band XII. pag. 533—556. Mit Kupfern, worunter: „Das Lager, welches die Türckische Armee vor Wien 1683 geschlagen." Quer-Folio.

80 *Kurtze doch gründliche Beschreibung Alter und Neuer Belägerung.* Siehe: I. Abteilung Nr. 89.

81 **Knolles.** *The Turkish History from the Original of that Nation.* Siehe: 1. Abteilung Nr. 91.

82 **(Ketteler.)** *Vienna Austriae a Turcis Barbarae oppugnata gloriose a Christianis defensa, et victoriose liberata anno 1683 die 12. Septembris. Descripta per J. J. K. S. C.* Folio o. O. u. J. 44 SS. Steht auch in Isthuanffi. Histor. Hungar. Cölln 1685.
Wiener Stadtbibl. — K. k. Bibl. in Olmütz. XI. a 11.

83 **Camuccio u. Anguissola.** *Viennae Austriae a numerosissimo ducentorum millium & ultra, e Turcis, Tartaris, Rebellibus Hungaris, Moldavis Valachis, & Transylvanis constato Exercitu sub ductu Karac Mustaphae Basae primi Vezirii, Anno 1683 die 14 Julii obsessae a confoederatis autem Christianorum Principum armis 12 Septembris. Deo dante, feliciter eliberatae accuratissima delineatio. Bartholomeo Camuccio & Leandro Anguissola, Authoribus.* Ein Blatt in Quer-Folio, mit 2 Kupfern. „Castramentatio Turcarum etc." und „Vienna a Turcis obsessa — & Deo dante — a Christianis eliberata." Siehe auch die Abteilung: Bildliche Darstellungen.
Münchner Staatsbibl. Turc. 88/42. 4°.

84 **Hartnacius.** *Breviarium Historiae Turcicae Exhibens vitas imperatorum omnium, praelia inter Christianos et turcas omnia, adita historia obsidionis Viennae anno 1683. Autore Daniele Hartnaccio Pomerani Hamburgi & Holmiae Apud Gottfried Liebezeit, Bibliog. Hanoviae, typis Aubryanis 1684.* 4°. 68 Seiten mit 2 Kupfern (Landkarten). Von der Wr. Belagerung 66—68.
Wr. Stadt Bibl. I. 765.

85 **Gloyach.** *Vienna Gloriosa sive urbis Viennensis Propugnatorum laudes imaginibus adumbratae, et honori illustrissimorum Dominorum Wolfgangi Sigismundi et Joannis Christiani L. L. B. B. a Gloyach e Dum per R. P. Thomam Sigrai e Soc. Jesu, A. A. L. L. & Philosophiae Doctorem, ejusdemque Professorem Ordinarium. In Alma, ac Celeberrima Universitate Graecensi,*

prima Artium Liberalium & Philosophiae Laurea solenni ritu condecorarentur. Ab Illustrissimo fratre Maximiliano L. B. a Gloyach. Grammaticae studioso dedicatae. Anno MDCLXXXIV. Die Aprilis. Graecij, apud Haeredes Widmanstadij. 8°. 4 Bogen o. P. mit eingedruckten symb. Kupfern und Titel-Kupfer in Fo. (Katalog von Wallishauser 60 kr.)

K. k. Hofb. B. E. 6. S. 56. — Wr. Stadtbibl.

86 **Laurus.** *Obsidionis nuperae Viennensis memorabilia recensuit, & simul christiani Orbis Principibus invadendum nunc diversis ex partibus Tvrcarem Imperivm evasit, ricitata in Celeberrima Altdorfina Oratione, Christophorvs Lavrus, Norimb. in Novembr. A. C. MDCLXXXIII. Literis Henrici Meyeri, Universit. Typographi.* 24 Seiten 4°.

Münchner Staatsbibl. Diss. 89. 4°. — Hamburger Stadtbibl. I. F. III. 171. K.

87 *Vero e distincto Ragvaglio di tutto quello, ch'è seguito di giorno in giorno nel famosissimo Assedio della Città di Vienna. Combattura dalle formidabile forze delle Armi Ottomanne l' Anno 1683. Con la Vittoria gloriosamente ottenota delle Armi Imperiali e Polache. Con vna Aggiunta de sua Progessi nel fine. Dedicato al Molto illustr. Sig. Patron. Collend. il Sig. Tomaso vilgicus. In Venetia 1683. Aptesso Francessco Busetto. Con. Licenza de' Superiori, e Priuileg. Si vende a S. Guilian. da Giacomo Zini a l' Insegna di S. Filippo Netè.* kl. 8°. 44 Seiten. (Tagebuch-Form.)

Münchner Staatsbibl. Austr. 3844. 8°.

88 *Raggvaglio distinto | Di quanto occorse nella Campagna passata | tra l'Armi Christiane e Turchesche | della Marchia* (sic) *Tenuta dal Primo Visire, sua mostra generale, con la nota delle | Truppe radunate ne' vasti dominij de Gran Signore | Dell' Assedio di Vienna | Descritto giornalmente con li successi tanto dentro nella | Città, come fuori nel Campo assediante | Del Modo E Combattimento | Con cui fu soccorsa, e fugato il Nemico | E Di Ciò Segvi | Sino alla Battaglia di Barcan, acquisto di quel luogho, e della Piazza | di Strigonia Arcinesconato Metropolitano*

del Regno | d'Vngheria con cui termino la Campagna. | Aggiontavi | La Pianta della Città di Vienna, ce' Borghi notati, e con li Monti | siti, e marchia (sic) del soccorso per scorgere visibile il combattimento | la fuga de Turchi e la Vittoria dell' Essercito Christiano. In Venetia MDLXXXIV | Presso Nicolo Pezzano | Con Licenza de Seperiori, E Privileggio, 4°. Vor dem Titelblatt ist der Plan v. Anguissola. 3 Bl. o. P. u. 79 Seiten — Seite 1: Relatione Dell' Assedio di Vienna etc. — Seite 67 - 78 die verschiedenen Listen. — Nach einer gefälligen Anzeige des Herrn Bibl. Dr. Hortis in Triest.

Bibl. civica Trieste. Nr. 3889. — Landesbibl. zu Cassel. H. Bell. 4°. 24.

89 **Formanti Neriolava**. *Raccolta delle Historie delle vite degli Imperatori Ottemani sino a Mahomet IV. regnante et con il Ragnaglio della Ribellione degli Ungheria et Assedio di Vienna con la Liberatione etc. In Venetia peril Prodocimo 1684.* 4°.

90 **Beregani**. *Historia Dell Guerre d'Europa Dalla Comparsa dall' Armi Ottomane Nell Hungheria L'anno 1683 Di Nicola Beregani Nobile Veneto. In Veneto MDCXCVIII.* I. Teil. S. 26—67.

Wiener Universitätsbibl. Turc. II. 64. — Bibl. civica Trieste Nr. 1408.

91 **Carmelitano Angelo**. *La cadutta dell' Impero Ottomano predell da —.— Milano 1683.* 12° Nach der Anzeige Hammers

92 **Bremunden D. Francesco**. *Floro historico de la guerra movida por el Sultan de los Turcos Mehemet IV. contra Leopoldo primero el anno MDCLXXXIII. Traduido de Italiano en Castellano per. —.— En Madrid 1684.* 4°. VIII. u. 84 SS. Nach einer gütigen Anzeige des Herrn Dr. Isler in Hamburg.

Hamburger Stadtbibl. I. D. I. 86.

93 *Diario y descripcion veridica de lo Socedio en el tiempo que las armas otomanas han tendio sitiada la corte cessarea de Viena. Escrita por vno de los principales cabos del presidio cessareo, que se hallò en dicha Plaça desde el principio del Cerco,*

hasta el dia que fue socorrida de las Armas Imperiales. Impressa en la ciudad de Ratisbona, en Aleman, y embiada à la Reyna Madre, nuestra Señora, y por orden de su Mayestad traducida en Castellano. Con Licencia. En Madrid: Por Antonio de Zafra, Criado de su Magestad. Vendese en casa de Isidoro Cavallero, Librero, en la Calle di Santiago. 48 Seiten in 4". Auf der letzten Seite ist nochmals die Adresse des Verlegers so wie die Jahreszahl 1684.

94 **Vidania Diego Vincencio de**. *Trivnfos Christianos del mahometismo vencido. En cinco discvrsos academicos. Al Excelentissimo señor D. Diego Sarmiento de Valladares, obispo, Inquisidor General, del Consejo de Estado ec. Peblicalos D. Diego Vincencio de Vidania Cronista de los Reynos de Castilla, y Leon, y del de Aragion. Con Privilegio. En Madrid Por Lucas Antonio de Bedmar y Baldivia Ano de 1684.* 4° 3 Blatt o P 81 Seiten. Blatt 2 die Zuschrift, unterzeichnet: *Diego Vincencio de Vidania*, sodann die Ansprache an den Leser. Auf Seite 1. *Discvrso academico primero de D. D. Vincencio de Vidania.* Seite 25. *Discorso Academico secvndo. Breve pean, o militar panegyrico de las Glorias del señor Emperador, en la Memorable Vitoria, y Sitio de Viena del Año de 1683. Consagrado a la avgvstissima reyna madre nuestra señora, y su Hermana por D.* **Andreas Sanchez de Villa-Mayor** *Capellan de Honor de su Magestad. — „Estas, señora. Lineas designales"* etc. Seite 3°. *Discvrso academico tercero. De Don* **Jvan de Torres y Medrano**. *En que intenta probar, que al señor Rey de Polonia se debe atribuir vnicamente la feliz Vitoria, y Liberacion de Viena.* Seite 48. *Discvrso academico quarto. De Don* **Christoval de Torres y Mendrano** *En qve intenta probar, que el Serenissimo senor Carlos, Duque de Lorena, ha sido el Principal instrumento del Socotto de Viena, y Vitorias que se han conseguido de los Otomanos.* Seite 57. D. A. quinto. *Ernesto, conde de Estahremberg, Defensor de Viena, Liberador de la Chrestiandad. De D.* **Antonio Alanriqve**, *Cleriro Panormitano.* Seite 70 ein Gedicht auf Stahremberg, Seite 72 *Sentencia academica.*

95 *Relacion verdadera en que se refiere el sacrilego Manifiesto, y blasfema arrogancia con que Mahomet, Tyrano Emperador de*

*los Turcos, ha publicado Guerra Universal à sangre, y fuego contra
toda la Christiandad, y contra la Magestad Cesarea del Invictissimo Señor Leopoldo Ignacio de Austria, Meritissimo Emperador
del Sacro Romano Imperio. Dáse quenta de las sangrientas amenaras con que el Barbaro Turco procura amedrentar al Pueblo
Christiano; el copioso Exercito que trae; y el numero de Gente
con q̃ su Magestad Cesarea le sale al Oposito: con otras particularidades que verá el Curioso.* Am Ende: *Con licencia. En
Madrid: Por Lucas Antonio de Bedmar. Impressor del Reyno, en
la Calle del Carmen. Anno de 1683.* 2 Blatt Fo.

Biblioteca Nacional in Madrid.

Die Kenntnis der spanischen Relationen (Nr. 95 u. ff.) verdanke ich der Güte des Herrn Cajetano Rosell, Directors der
Biblioteca Nacional zu Madrid, welcher Herr die gewiss seltene
Freundlichkeit hatte, meine einfache Anfrage mit einem 20 Quart-
Seiten umfassenden Bericht zu beantworten; wofür ich wiederholt
meinen herzlichsten Dank ausspreche.

96   *Relacion verdadera, en que se da noticia de las grandes
prevenciones, y Aparatos de Guerra con que ha salido à Campanna el Exercito del Invictissimo señor Emperador Leopoldo
Ignacio de Austria, de quien es Generalissimo el señor Duque
dq Lorena, despues que en Barsobia se conduyeron entre el
Imperio, y Polonia los tratados de firme Aliança y liga ofensiva,
y defensiva contra el Turco. Refierese la Muestra General, que
se hiro del Exercito Imperial junto à Presburghalli, el dia 6
de Mayo deste presente Anno de 1683. I tambien se mencionan
los Regimientos que en dicha Muestra General se hallaron; y
el numero de Infanteria, y Cavalleria de que se componen.
Assimismo se refiere la Solemnidad conque el Nuncio de Su
Santidad publicó la Bula Indulgencia Plenaria, y Remission
de pecados, à culpa, y pena, concedida por Nuestro Santissimo
Padre Inocencio XI. à todos los que en esta Guerra murieren
en defensa de la Santa Fé Catolica: Absolucion General que
se dió à todo el Exercito Christiano: Magestuoso Combite que
dicho Señor Duque de Lorena, Generalissimo de las Armas Imperiales, hiro al señor Emperador, à los Potentados de su
Sequito, y demás Cabos del Exército: Cuyas Valerosas Armas
te tienen ya sitiada al Turco la fuerte Plaça de Estrigonia:*

Con otras particularidades que vera el Curioso. Am Ende: *Con licencia. En Madrid: Por Lucas Antonio de Bedmar y Baldivia, Impressor del Reyno, en la Calle del Carmen. Anno de 1683.* 2 Blatt in Fo.
Biblioteca Nacional in Madrid.

97 *Relacion diaria de las noticias verdaderas, que por diferentes cartas se han adquirido de las Marchas, y Operaciones de los dos Exercitos Imperial, y de Polonia, contra el Turco, desde 18 de Mayo, hasta 15. de Junio deste Anno de 1683. Refierese el incendio que tres Soldados Esguiraros pusieron en los Almarenes de la Polvora q̃ el Turco tenia en Zhiget; y como ganaron los Imperiales el Puente de Essey, con muerte de 700 Turcos, que la guardavan; y tambien otra Escaramuza que tuvieron los Soldados de los Presidios de Nitria, y Levente, en que degollaron otros 500 Turcos, quitandoles vna considerable Presa, que llevaban de Christianos, y ganado; y 700 Tartaros que los Polacos degollaron en otro Choque; y como el Señor Rey de Polonia, acompañado de su Hijo Primogenito, ha salido yá à Capanna, c̃õ vn numeroso Exercito; del qual ha separado vn gran Troço, para que con él vaya su Hijo à sitiar la Gran Plaça de Caminiech. I tambien se mencionan los copiosos Socorros con que su Santidad, el Rey nuestro Señor Don Carlos Segundo, y otros Principes Christianos ayudan al senor Emperador: Con otras muchas particularidades que en ella se contienen.* Am Ende: *Con licencia. En Madrid: Por Lucas Antonio de Bedmar y Baldivia, Impressor de los Reynos de Castilla, en la Calle del Carmen. Año de 1683.* 2 Bl. Fo.
Biblioteca Nacional in Madrid

98 *Relacion diaria de todas las noticias ciertas que han llegado à esta Corte, de los Movimientos, y Operaciones del Exercito Imperial; y disposiciones, y Gente con que sale à Campaña el de Polonia, adquiridas des de el dia 17. de Mayo passado deste Año de 1683. hasta 4. de Julio. Refierese en ella, como ganó el Exercito Cesarco el Castillo del Monte de Santo Tomás, que domina la Plaça de Estrigonia, con muerte, y prision de muchos Turcos; y tambien la Conquista del Castillo de Siván, hallandose*

en ambos mucha Artillería, municiones, viueres, y pertrechos de Guerra: Con otras particularidades que verá el Curioso. Am Ende: *Con licencia. En Madrid: Por Lucas Antonio de Bedmar y Baldivia. Impressor de los Reynos de Castilla, en la Calle del Carmen. Año 1683.* 2 Blatt Fo.
Biblioteca Nacional in Madrid.

99 *Manifiesto sacrilego y blasfema arrogancia conque Mahomet Quarto. Tyrano Emperador de los Turcos, publicó Guerra Universal à sangre, y fuego contra toda la Christiandad, y contra la Magestad Cesarea de el Invictissimo Señor Leopoldo Ignacio de Austria, Meritissimo Emperador del Sacro Romano Imperio. Sangrientas amenaras conque el Barbaro Turco procuró amedrentar al Pueblo Christiano. Copioso Exercito que traxo sobre la Imperial Ciudad de Viena: Feliridad con que fue socorrida, y derrotados los Turcos. Con licencia. En Madrid: Por Lucas Antonio de Bedmar y Baldivia, Impressor de los Reynos de Castilla, y de Leon. Vendese en su Casa, Calle del Carmen, y en Palacio. Año de 1684.* 4 Blatt 4°.
Biblioteca Nacional in Madrid.

100 *Viena sitiada. I socorrida. Año MDCLXXXIII. Primera relacion.* 8 Blatt 4°.
Biblioteca Nacional in Madrid. A 2—A 4.

101 *Viena sitiada, I socorrida. Año MDCLXXXIII.* 8 Blatt 4°.
Biblioteca Nacional in Madrid.

102 *Relacion segonda. Viena sitiada. I socorrida, Año MDCLXXXIII.* 4° 4 Blatt mit 1 Kupfer.
Biblioteca Nacional in Madrid.

103 *Nvevas singolares del Norte. é Italia. Publicadas el Martes 7. de Diziembre 1683. Intentos santos. y disposiciones heroicas del Papa contra los mesmos Infieles, para la Campaña q̃ viene.*

Avisos de Levante, Vngria, y Dalmacia, con el Levantamiento de la Nacion de los Morlacos, contra Turcos. Por via de Venecia. Passage por Venecia á Roma, de un Correo de la Corte Cesarea con la nueva de la restauracion de Strigonia, y las primeras individualidades de sucesso, que permitió la brevedad del tiempo participar con aquella ocasion. Otras noticias, que han venido por Francia de la vendicion de Neuheusel, despues de la de Strigonia, y designios ulteriores de los vitoriosos. Am Ende: **En la Imprenta de Bernardo de Villa-Diego, Impressor de su Magestad. Con privilegio.** 4°. 6 Blatt.

Biblioteca Nacional in Madrid.

104 *Oracion exortatoria, que el serenissimo Rey de Polonia pronunció en la Trente de su Armada, autes de emperar la Batalla con los Turcos á vista de Viena. En la qual se hallan Altos Conceptos, y profundas Sentencias, conque el Invicto Rey, esforçó, y persuadió á suo Valientes Esquadrones á entrar en la sangrienta Lid, poniendoles por vnico Objeto de tan Honrosa Empressa la Libertad Preciosa del Christiano Pueblo, y el Eterno Premio, que à todos los que alli muriessen estava prevenido. Publicada Lunes 13. de Diziembre de 1683. Con Licencia.* **En Madrid: Por Lucas Antonio de Bedmar, Impressor del Reyno. Vendese en su Imprenta, en la Calle del Carmen, y en Palacio.** 4°. 4 Blatt.

Biblioteca Nacional in Madrid.

105 *Fama veridica de la grandiosa vitoria, obtenida contra las Armas Otomanas sobre la Ciudad de Viena, á 12 de Setiembre de 1683. Nuevas expediciones de los vitoriosos contra los Infieles en su propio Pais. I Vitoria insigne, y mas reciente de las Armas Cesareas, conseguida junto á Barracam, sobre el Danubio, y ocupacion de esta Plaza oportuna para el Assedio de la Strigonia. Con privilegio.* **En Madrid: Por Sebastian de Armendariz, Librero de Camara de su Magestad.** 4°. 8 Blatt.

Biblioteca Nacional in Madrid.

106 *Relacion Verdadera y compendio historial en que se comprehenden todos los successos de la Guerra que los Turcos, han*

hecho contra la Christiandad en este año de 1683 desde el tiempo que salieron de Constantinopla, hasta que fueron derrotados por las Armas Imperiales, y Polacas sobre Viena, y seguidos en alcance hasta restituirse á sus tierras. Añadida, y enmendada por su Autor, con toda puntualidad. Segunda Impression En Madrid. En la Imprenta Real: Al Carmen. Año MDCLXXXIII. Hallaráse en la Puerta del Sol. La que no tuviere esta Ciudad no está emmendada. (sic.) 4°. 12 Blatt.

Bibl. Nacional in Madrid.

107 Relacion Verdadera. y compendio historial, en qve se comprehenden todos los sucessos de la Gueraa (sic) que los Turcos han hecho contra la Christiandad en este año de 1683, desde el tiempo que salieron de Constantinopla. hasta que fueron derrotados por las Armas Imperiales, y Polacas sobre Viena, y seguidos en alcance hasta restituirse á sus tierras. Añadida, y enmendada por su Autor con toda verdad, y puntualidad. Tercera Impresion. La que no tuviere este Emperador, vá mentirosa. Vendese en la calle de Toledo, y en Palacio. 4°. 12 Blatt.

Bibl. Nacional in Madrid.

108   **Gverrero y Solano Francisco.** Symbolos mysticos en las divinas Letras de la vitoria contra el Turco en el Sitio de Viena el dia 12 de Septiembre, año de 1683. Por las catholicas armas del señor Emperador de Alemania Leopoldo Ignacio, y del Señor Rey de Polonia Juan Sobiesku. y de los demás Principes confederados á diligencias de N. S.[mo] P. Innocencio XI. Pontifice Romano. Escritos por el Doct. D. Francisco Gverrero y Solano Colegial del Real de Granada, Cathedratico de Scoto en su Vniversidad Canonigo Magistral de Escritura, y Maestre Escuela de la Santa Iglesia Cathedral de Guadix, Examinador. y Juez Synodal de su Obispado, y Abogado de la Reuerenda Camara Apostolica. Dedicados al Doctor D. Lvis de Morales y Ortega Colegial del Colegio de S. Catalina de Granada. Abogado de la Real Chancilleria de ella, Cathedratico de Decreto en su Vniuersidad.

Canonigo Doctoral de la dicha S. Iglesia Cathedral de Guadix, Examinador de su Obispado, y Juez Subdelegado de la Santa Cvnrada. 4°. 16 Blatt.
Bibl. Nacional in Madrid.

109 *Relacion de las vltimas noticias que han venido a esta Corte de todo lo succedido á los Exercitos de los Señores Emperador, Rey de Polonia, y Principes Coligados cōtra las Armas Otomanas, desde el Socorro, y Batalla de Viena, hasta la Toma, y Rendimiento de la Ciudad de Estrigonia, vna de las principales, y fuertes Plazas del Reyno de Vngria, sobre el Rio Danubio, y entrega de la Plaça de Neheusel. Con Licencia de los Señores del Consejo Real. En Madrid, en la Imprenta Real: A la calle del Carmen: Por Mateo de Llanos; Impressor del Rey N. S. Año 1683. Vendese en la Puerta del Sol, en casa de Juan Martin Merinero, y en Palacio, en los Caxones de Manuel del Campo, y Juan de Calataynd. Libreros* 4°. 12 Blatt.
Bibl. Nacional in Madrid.

110 *Nvevas Ordinarias de los Successos del Norte. Publicadas el Martes 16. de Noviembre 1683, Quarta Relacion. Continuacion de los Progressos de los Exercitos de la Liga Sagrada, contra los Infieles. Peligro notable que corrio el Rey de Polonia. Cartas, conque su Mayestad Polaca participó la Victoria de Viena al Papa, y al Marques de Grana, Governador, y Capitan General de los Payses Baxos, cc. Viena á 9. y Lintr. à 12. y 13. de Octubre.* 6 Blatt 4°.
Bibl. Nacional in Madrid.

111 *Nvevas Ordinarias de los Successos del Norte. Publicadas el Martes 16. de Nouiembre 1683. Continuacion de los Progressos de los Exercitos de la Liga Sagrada, contra los Infieles. Peligro notable que corrió el Rey de Polonia. Cartas, conque S. Mayestad Polaca participó la Victoria de Viena al Papa, al Dux de Venecia, y al Marques de Grana, Governador, y Capitan General de los Payses Baxos, cc. Viena. á 9. y Lintr. à 12. y 13. de Octubre.* Am Ende: *En la Imprenta de*

Bernardo de Villa-Diego, Impressor de Su Magestad. Con Privilegio. 6 Blatt 4°.

Bibl. Nacional in Madrid.

112   Nuevas Ordinarias de los Successos del Norte. Publicadas el Martes 23. de Noviembre 1683. Algunas particularidades ciertas, que han venido en Carta de todo credito, escrita en Lintr. á 12. de Octubre. Añadense á las yá publicadas, por lo que conducen á su mejor inteligencia, y de las que en adelante se darán á luz, en esta mesma forma. Nota sucinta de la porcion de despojos, que se introdujo en Viena, despues de la Victoria, sin los que recogieron, los Exercitos. Breve, y essencial resumen de lo ocurrido en Roma, despues de recibida la nueva de la Victoria, hasta 24. de Octubre: y primera noticia, que llegó á la misma Corte Pontificia, de la nueva Victoria obtenida de las Armas de la Liga Sagrada, junto á Barckam. á 9. del mismo mes. Am Ende: En la Imprenta de Bernardo de Villa-Diego. Impressor de Su Magestad. Con Privilegio. 4° 4 Blatt.

Bibl. Nacional in Madrid.

113   Noticias veridicas, y Sucinto compendio de todos los felices Progressos de las Armas Imperiales, y Polacas contra el Turco, desde el dia 3. de Octubre de 1683. hasta 3. de Noviembre de dicho Año. Qvatro gracias qve sv Santidad ha concedido al señor Rey de Polonia, despues de so corrida Viena. Ricos presentes qve al Senor Emperador, y á su Magestad Polaca embió el Gran Duque de Toscana, con el Parabien de la Gran Vitoria conseguida contra el Turco. Toma, qvema, y demolicion de la plara de Barkam, y de vn Puente que estava sobre el mismo Rio. Sitio de Estrigonia, assistido del Señor Duque de Lorena; y Empressas intermedias del señor Rey de Polonia. Vltima derrota qve dieron los Litvanos, y Polacos al Rebelde Conde Tekeli, con perdida de todos sus Bagages, Artilleria, municiones, y pertrechos: Con otras particularidades. 7 Blatt 4°.

Bibl. Nacional in Madrid.

114   Noticias singulares de algvnas cosas svcedidas en la Cirdad de Constantinopla, despues de derrotado su Exercito sobre Viena

el año passado de 1683. Embiadas á vn cavallero Venecciano; y participadas por él á otro de Malta, que reside fuera de aquella Isla. Publicadas el sabado á 2 de Diciembre de 1684. Am Ende: *Por Sebastian de Armendariz, Librero de Camara de su Magestad. Con las licencias necessarias.* 4°. 16 Blatt.

Bibl. Nacional in Madrid.

115 *Relacion de las Rogativas, y ayunos mandados hazer en todo el Imperio Otomanio, por el Gran Señor Ameth Zelin, Sultan, Emperador del Oriente, y Occidente, Señor de los Señores, y verdadero descendiente del Gran Profeta Mahoma.* 4°. 2 Blatt.

Bibl. Nacional in Madrid.

116 *Verdadera, y Nveva Relacion de la Real Salida, que hizo en pvblico Nvestro Gran Monarca Carlos II. (que Dios guarde) á dar gracias á N. Señora de Atocha; por la feliz vitoria, que han tenido las Armas Imperiales, y las del Rey de Polonia, contra el Gran Turco, sobre el gran cerco de Viena, Lunes 8. de Noviembre de este año de 1683. Dasecuenta de los Señores, Titulos, y Grandes de España, que acompañaron á Su Magestad.* 2 Blatt in Fo.

Bibl. Nacional in Madrid.

117 *Noticias del Norte dadas á la Luz Publica Martes 7. de Diziembre de 1683. En que refieren todos los Successos dignos de Memoria, que han traido los dos Correos de Italia, y Flandes. I las Capitolaciones con que se entregó la Plaça de Estrigonia á las Armas Imperiales. Inclvyese al fin vn poema heroyco, en que en Metafora de vn Pliego, que ce dió para formar vn Assiento, se pondera la Gran Vitoria de Viena, y el Alcançe ignominioso que resulta contra el Turco. Con licencia. En Madrid: Por Lucas Antonio de Bedmar y Baldivia, Impressor de los Reynos de Castilla, y Leon.* Am Ende: *En Madrid Con licencia de los Señores del Consejo Real de Castilla. Por Lucas Antonio de Bedmar y Baldivia, Impressor de los Reynos de*

Castilla y Leon Año de 1683. Vendese en su Imprenta en la calle del Carmen, y en Palacio. 4°. 8 Blatt.
Bibl. Nacional in Madrid.

118 *Vienna Pro soluto Germano-Polonicis Armis Othomanico obsidio Miscellometrici Plavsvs. Genvae MDCLXXXIV. Typis Antonij Casamarae. In Platea Cicala. Srperiorvm permissv.* Fo. 103 SS.
Bibl. Nacional in Madrid.

119 *Sanctissimo Domino Nostro Innocentio XI. Pont. Opt. Max. Post transmissvm sibi A gloriosissimo heroe Ioanne III. Poloniae Rege, Summum Imperii Othomanni Vexillum. Pro obtenta in Turcas victoria Apud S. Mariam Maiorem Deo ac Deiparae Virgini Grates pié referenti. Elegia ad evmdem Poloniae Regem Tanti Triumphi auspicem et authorem. Matriti. Ex Typographia Regia. MDCLXXXIII.* 8 Blatt 4°.
Bibl. Nacional in Madrid.

120 *Cara Mustapha Grand Visir. Histoire contenant son élevation, ses amours dans le Serail, ses divers Emplois, le vray sujet qui lui a fait entreprendre le Siege de Vienne & les particularites dans sa mort. A Paris 1684.* 12°. 154 SS.
Bibl. d. Hrn. Haidinger in Wien.

121 **Rocoles J. B.** *Vienne deux foix assiégée par les Turcs, MDXXIX. & MDCLXXXIII, & heureusement délivrée avec des Réfléxions Historiques sur la Maison de Habsbourg, ou d'Autriche, et sur l'Origine, Grandeur & Décadence dernière de la Puissance Ottomane. Par le Sr. J. B. de Rocoles, Historiograph. A. Leyde. Chez Jean Prins. MDCLXXXIV.* 12°. 431 Seiten, mit vielen Kupfern. 12 Blatt o. P. Blatt 2a. Stances pour la Rejouissance de la levée du Siege de Vienne:

„Léopold, delices des justes
Les armes de tous les Cesars
Ont moins fait dans les grands hazars.
Que n'ont fait les vertus Augustes."

13 zehnzeilige Strophen.

Nun folgt die Zuschrift an *Johann Georg III. von Sachsen*, endlich auf Seite 1—40 der Excurs über das Haus Habsburg.
pag. 114. *Du Second Siége de Vienne 154 ans aprés le precedent, levé le XII. Septembre de la presente année MDCLXXXIII.*

Wiener Stadtb. I. 691. — Hamburger Stadtbibl. I. F. III. 172. — Münchner Staatsbibl. Austr. 295. 8°. — Bibl. civica d. Trieste. Nr. 698. — Königl. Bibl. zu Dresden. — Universitätsbibl. Erlangen. Hist. 69. 1 m. — (Auct. Feil. 4 fl.)

122 *Relation de tout ce qui s'est passé en Allemagne depuis la dessente des Turcs en Hongrie jusque à la levée du Siege de Vienne. A. Cologne chez Jaques le jeune Marchand Libraire 1683.* kl. 8°. 108 Seiten.

Münchner Staatsbibl. L. eleg. m. 607. — Biblioteca Nacional in Madrid A. 2 — E. 5.

123 *Le Mercure Hollandois, contenant les choses les plus remarquables de toute la Terre, arrivées en l'An 1683. En surtout le fameux siége et le delivrance de la ville de Vienne. Amsterdam 1684.* 12°.

124 *Le Mercure Galante d'Octobre 1683.* II. Teil. (Handelt hauptsächlich über den Entsatz.) Mit Kupfer. (Porträt des Grossveziers.)

125 *Histoire des Troubles de Hongrie. Avec les Sieges de Neuhäusel & un Relation Exacte du Combat de Gran etc. à Amsterdam chez Pierre Morlier 1686.* 4 Bände in 12°. Von der Belagerung insbesondere Tom. III. Mit einer Radierung. „Siege de Vienne" in quer 8°.

126 Dasselbe, andere Ausgabe in 6 Bänden; *à Paris chez Michel Guerout Court-neuve du Palais, au Dauphin. MDCLXXXVI.* klein 8°.

Universitätsbibl. Wien, Hung. I. 325.

127 *Vervolg van de Vreugden teekenen binnen de Stadt Antwerpen over de Verscheyde Victorien die de Christenen van de Turcken*

behaelt hebben, vertoout in de zegen — Bogen of te Triumph-Arken
..... Beneffens eene kleyne nieuwe Beschryvinghe van de Triumph
Waegens, en Ruyterye, die de PP. Van de Societeyt Jesu van
het Engelsch Collegie tot of — beeldinghe van dese Victorien hebben
toe bereydt, door S. Herman, Franciscus Van den Brandt
T'Antwerpen, By A. Graet, 1685. 12⁰. Gefällige Anzeige des
Herrn Directors De Lisle in Paris.

* Bibliotheque National à Paris.

128 The present state of the German and turkish Empires, and
Remarks thereupon: ab also Some peculiar Reflectiones on the
interest of the Christian Princes together with Memoirs of the
Siege of Vienna. By an Eminent Officier in that City. By
D. A. M. D. London Printed for D. Broown athe Black-Swan
with ont Temple Barr; and T. Goodwin, at the Maidenhead,
against St. Duslaus-Church. in Fleetstreet 1684. 8⁰. 96 Seiten.

Münchner Staatsbibl. Eur. 766 ᵐ 8⁰.

Gleichzeitig geschriebene und später gedruckte Berichte.

129 **Dudik Beda.** Pat. Bernard Brulig's Bericht über die Belagerung der Stadt Wien im Jahre 1683. Siehe: Archiv für österr. Geschichtsquellen 1850 pag. 255—397.

130 **Firnhaber Friedr.** Diarium was sich vom 7. Juli 1683 bis zu Ende der türkischen Belagerung Wiens bei der türk. Armee zugetragen. Siehe: Archiv für österr. Geschichtsquellen 1850 pag. 496—508.

131 **Baur Dr. Ludwig.** Berichte des hessen-darmstädtischen Gesandten Justus Eberh. Passer an die Landgräfin Elisabeth Dorothea. Ueber die Vorgänge am kais. Hofe und in Wien von

1680—83. Siehe: Archiv für österr. Geschichtsquellen XXXVII. pag. 271—410.

132 **Kaltenbaeck**. *Die türkische Belagerung im Jahre 1683. (Bericht eines Augustinermönches*.) Siehe: Austria-Kalender 1843. pag. 187—190. Auch:
133 *Oesterr. Zeitschrift, herausgegeben von Kaltenbaeck*. J. 1835 p. 107 ff.

134 **Hammer**. *Die zweite türkische Belagerung Wiens 1683. (Aus dem osmanischen Reichsgeschichtsschreiber Raschid. 1. Blatt 3. Aufbruch des islamitischen Heeres gegen Wien*.) Siehe: Hormayr's Taschenbuch f. v. G. 1824 pag. 255—302.

135 *Rühmliches Zeugniss, welches Ernst Ruediger Graf Starhemberg als Commandirender den Compagnien der Bürgerlichen Büchsenmeister und Kunststäbler zu Wien über ihr tapferes Verhalten bei der türkischen Belagerung ausgestellt hat.* (Dat. 27. Mai 1684.) Siehe: Hormayr's Taschenbuch f. v. G. 1838 pag. 27 ff. (Urkundenabdruck.)

Neuere Bearbeitungen.

136 **Rinck**. *Leopold des Grossen Römischen Kaysers wunderwürdiges Leben, aus geheimen Nachrichten eröffnet und in vier Theile getheilt.* Cölln 1708 und 1713. 8°.

137 **Mencken**. *Leben und Thaten Sr. Majestät des Römischen Kaisers Leopold. Zusammengetragen von Joh. Buchard Mencken, der Historien Prof. etc. Leipzig 1707.* S. 261—276.

138 **Wagner**. *Historia Leopoldi Magni Caes. Aug. authore Franc. Wagner. Soc. Jesu Sac. Par. I Ao C. MDCXXXVI c. Pro Sacr. Cæs. May. etc. Aug. Vindel. 1719 Fo.*

139 **Damasceni a Matre Dei Jo.** *Viennis Turcarum obsidione Leopoldi I. imperio et victoria Johannis III. gloriosa. Varsow 1717.* 4°. Angezeigt bei Weber: Deutsche Staatenliteratur S. 291.

140 *Die merkwürdigsten Begebenheiten bei der zweiten türkischen Belagerung... Wien 1683. In einem kurzen Auszuge. Wien 1783.* 4 Blatt 8°

141 **Steinbach Leop.** *Geschichte und Tagebuch der zweiten Türkischen Belagerung Wiens im Jahre 1683. Wien 1783* 8°.

142 **Uhlich.** *Geschichte der zweyten türkischen Belagerung Wiens, bey der hundertjährigen Gedächtnissfeyer, herausgegeben von Gottfried Uhlich aus der Frommen Schulen, Lehrer der Universalgeschichte an dem Löwenburgischen Kollegium. Mit Kupfern, nebst zwein Planen. Wien in der Sonnleithnerischen Buchhandlung 1783,* 8°. 230 Seiten. Eine mit Benützung des städt. Archives und anderen Quellen vollkommen neu bearbeitete Darstellung. Rezensiert in der Nürnberger G. Z. 1784. S. 86 und Allgem. deutschen Bibl. Band 60. S. 513. Die Kupfer sind: 1. Kolschitzky (nach Lerch). 2. Abbildung der Kays. Residentzstadt Wien etc. entsetzt 12. Septembris Anno 1683 von Lerch. 3. Die Burg und Löbelbastei, in halber Grösse nach Suttinger. 4. Das Moldauer Kreuz von Lerch.

143 *Kurze Geschichte der Kriege zwischen dem Haus Oesterreich und der ottomanischen Pforte vom Jahre 1529 bis auf das Jahr 1739. Nebst einigen wichtigen Daten das Königreich Ungarn und Siebenbürgen betreffend. Wien 1788.* 8°. Ueber die Wiener Belagerung. S. 139—142.

144 *Kriegsnachrichten von der Belagerung der Residenzstadt Wien durch die Türken im Jahre 1683. Leipzig 1789.* 8°. 11 Bogen. Auszug aus dem Theatrum Europeum und der ottomanischen Pforte. Rezensiert: Allgem. Literat. Ztg. 1789. B. 4. 631, Tübinger G. A. 1789. S. 103.

145 **Fuhrmann** *Andere Türkenbelagerung der Stadt Wien und glücklicher Entsatz. A. 1683.* Siehe: Altes und neues Wien von Mathias Fuhrmann. Wien 1793. 8°. 2. Band. S. 1008—1037.

146 *Belagerung von Wien im Jahre 1683.* Siehe: Neue militärische Zeitschrift. 4. Band. Wien 1813. Heft 10 S. 83, 11 S. 88 und 12 S. 126.

147 **Eichhorn J. Gottfr.** *Geschichte der drei letzten Jahrhunderte. Vierter Band. Hannover 1817.* X. Polen S. 155—158, XIV. Ungarn und Siebenbürgen S. 469—472, XV. Das osmanische Reich S. 563—577.

148 **Engelstoft.** *Wiens Belejring af Tyrkerne 1683.* Siehe: Dänischer histor. Kalender, herausgegeben von Prof. Engelstoft und Moler. Dritter Band 1817 und auch in:

149 *Udvalg af Laurids Engelstofts Skrifter. Kjobenhavn 1861* I. S. 85—227.

Von allen ausländischen Arbeiten ist die vorliegende ohne Zweifel die wertvollste. Schon beim Durchblättern des Buches muss man die umfangreiche Literaturkenntnis des Autors bewundern. Engelstoft sammelte im Sommer 1817 in Wien das Materiale seiner mit ausserordentlichem Fleisse gearbeiteten Abhandlung. Es ist unglaublich, dass diese auf der gesammten (bis dahin bekannten) Literatur beruhende Arbeit, hier in Wien nahezu unbekannt blieb. Ausser den im Texte citierten Quellen, gibt der Verfasser noch am Schlusse seiner Darstellung ein weiteres Verzeichnis derselben.

In meiner Sammlung.

150 **Fürst N.** *Die Belagerung von Wien 1683.* Siehe: Vermischte Schriften von N. Fürst. Wien 1823. I. Band. Ein Auszug aus Engeltoft's Abhandlung. (Vergl. auch: Conversationsblatt 1824 Nr. 191 und Styl Aftenblad 1824 Nr. 37.)

151 **Weschel** *Die zweite Belagerung Wiens durch die Türken.* Siehe: Die Leopoldstadt bei Wien von L. M. Weschel. Wien 1824. gr. 8°.

pag. 341—357. Behandelt zunächst nur die Vorgänge in der Leopoldstadt ausführlicher, doch werden auch die anderweitigen Ereignisse aufgezählt.

152   *Der Türke vor Wien 1683.* Siehe: Hormayr's Archiv 11. Jhg. 1820 S. 25 ff.

153   **Hormayr.** *Die zweite türkische Belagerung.* Siehe: Geschichte der Stadt Wien von J. Freiherr von Hormayr. Wien 1823. 4. Bd. 3. Heft S. 151—211 mit den Porträts von Ernst R. v. Starhemberg und Cardinal Kollonics.

154   **Hammer Joseph v.** *Die Belagerung von Wien 1683.* (Siehe dessen: Geschichte des osmanischen Reiches. 57. Buch [1656 bis 1699.] Pest 1830 S. 383—416.)

155   **Scheiger Joseph.** *Die Lage des flachen Landes um Wien und von Unter-Oesterreich vor, während und nach der zweiten türkischen Belagerung.* Siehe: Kaltenbaeck's österreichische Zeitschrift 1835. S. 164.

156   **Schneidawind.** *Geschichte der Belagerungen Wiens durch die Türken von F. J. A. Schneidawind.* Hamburg B. S. Brendsohn 1846. 16°. 169 Seiten.

157   **Kankoffer Jgnaz.** *Tagebuch der zweiten Belagerung Wiens durch die Türken im Jahre 1683.* Siehe: Hormayr's Archiv 1830. S. 149 u. ff.

158   **Kankoffer Jgnaz.** *Heldenmüthige Vertheidigung der Stadt Wien gegen die Türken im Jahre 1683. Mit Hinblick auf das Jahr 1848.* Wien 1849. 8°. 1 Band.

159 **Schimmer Karl August.** *Wiens Belagerungen durch die Türken und ihre Einfälle in Ungarn und Oesterreich.* Mit einer kurzen aber vollständigen Geschichte des Ursprunges, der wachsenden und sinkenden Macht der Osmanen, ihres Eindringens in Europa, die Eroberung von Konstantinopel, und ihrer Kriege mit Oesterreich von der frühesten bis auf die neuere Zeit. Nach den bewährtesten Quellen und Urkunden bearbeitet von —.— Mit zwei Plänen. Wien 1845. Verlag von J. G. Heubner. 2. Auflage 1847. 8°. 432 Seiten. Enthält im Anhange:
1. Verzeichniss der bei der Belagerung der Stadt aus den kaiserlichen Zeughäusern auf den Basteyen aufgeführten Stücken, Haubitzen und Pöllern; Extract, was aus dem bürgerlichen Zeughause von Armaturen und Munition ausgegeben und gebraucht worden. 2. Verzeichniss der gebliebenen Offiziere und Gemeinen während der Belagerung der Stadt und bei den Feinden. 3. Parole in der Stadt während der Belagerung. 4. Vollständige Schlachtordnung der christlichen Armee bei Wien. 5. Auszüge aus einer merkwürdigen Relation eines Augenzeugen von dem Zustande der Stadt während der Belagerung und nach dem Entsatze. (Aus Huhn's Raritäten. 1783.) 6. Specification der entführten Christen in die türkische Dienstbarkeit aus Ungarn, Oesterreich etc. 7. Gedichte und Lobreden auf die Befreiung Wiens (enthält den vollständigen Abdruck des „Poetischen Te Deum Laudamus" und einige andere kleinere Notizen). 8. Gedächtnissmünzen auf die Befreiung Wiens. 9. Original-Bestätigung der Echtheit des im bürgerlichen Zeughause befindlichen Schädels Kara Mustapha's durch den Kardinal Kollonics.

160 **Schimmer K. A.** *The siege of Vienna by the Tvrcs. From the german of Karl August Schimmer and other sources.* London John Murray 1847. 8°. 172 SS. Siehe Anmerkung I. Abt. Nr. 104. wo es richtiger heissen muss: Mit einem „*Plan of Vienna with the Turkish approaches.*"

In Wien einzig in meinem Besitz.

161 **Schimmer C. A.** *Die zweite Belagerung Wiens durch die Türken 1683.* Siehe: Oesterr. Universalkalender Austria 1851. Seite 104—116.

162 **Schimmer C. A.** *Die Gräuel der Türkenzeit in Oesterreich 1683. Nach einem höchst merkwürdigen italienischen Manuscripte, welches nach aufgehobener Belagerung im türkischen Lager gefunden wurde.* Siehe: Schimmer, Wien seit 6 Jahrhunderten. W. 1847. S. 106—126.

163 **Camesina.** *Wiens Bedrängniss im Jahre 1683, von Albert Camesina.* Als Band VIII der Berichte und Mitteilungen des Altertums-Vereines zu Wien. Wien 1865. 4°. 138 u. CCXXVI SS.

Inhalt:
Wien und seine Bewohner während der Belagerung im Jahre 1683, (von Freitag den 9. Juli bis Mittwoch den 15. September) .... 1—80.
Begebenheiten ausserhalb Wien während dieser Zeit. . . . 91—127.

Anhang:
Auszüge aus den Kammeramts-Rechnungen der Stadt Wien vom Jahre 1683 I, Aufnahme von Schantzarbeitern durch die Stadt XV, Vorkehrungen wegen deren Unterbringung XV, Einrichtung der Kreidenfeuer XV, Zahlungen der Stadt nach der Belagerung XV, Belohnung des Fähnrich Carl Bartalotti XVII, Ueberschlag der Stadt Wien wegen Herstellung der durch die Belagerung zerstörten Brunnen, Brücken XVII, Uebersicht über den von der Stadt gelieferten Proviant XVIII, Ausgaben der Stadt für Wein XVIII, Ausgaben für Waffen und Munition XIX, Ausgaben für die Säuberung der Stadt XIX, Landtagspropositionen wegen Herstellung der Vertheidigungswerke und Aufstellung einer Armee im Jahre 1684 XX, Verzeichniss der durch die Belagerung zerstörten Stadt- und Vorstadthäuser XXII, Belohung für Hauptmann Rudolphi XXIX, Steuerbetrag, der durch die zerstörten Häuser für die Stadt verloren ging XXIX, Ueberschlag der Herstellungskosten für die zerstörten ärarischen Häuser und Brücken XXIX, Koltschitzky's Belohnung XXXI, Städtische Belohnungen an Bernh. Daniel Suttinger und Danil Fockhi XXXIV, Aufsetzung des Kreuzes auf den Stephansthurm XXXIV, Vermehrung des gräflich Stahrembergischen Wappens XLI, Stahremberg's Grabdenkmal XLIII, Belohnungen an Jakob Rudolph von der Kirchen XLVIII, Der Kopf Kara Mustapha's XLIX, Spottlieder auf Kara Mustapha LIII, Städtische Obrigkeiten in Wien LX, Verzeichniss der Namen der Besitzer von Häusern der inneren Stadt Wien im Jahre 1683 LXIII, Strassen und Häuser-Schema nach der neuen Numerirung CXXI, Beiträge zur Geschichte der Fortification Wiens CXXVII, Die Wiener Stadtguardia CXXIX, Umgestaltung der Wiener Festungswerke im Jahre 1597 CXXX, Entwurf des Wolfgang Eglauer über Befestigung Wiens CXXXIII, Bericht des Grafen Sulz über die Herstellung einiger Werke in Wien CXLIX, Des Grafen von Mannsfeld Ansuchen wegen der Stadtguardia CXLIX, Relation des Baron Wimes über die Befestigung von Wien (1674) CLIII, Fortificatorische Anlage der Stadt Wien im Jahre 1683 CLV, Die Vorstädte CLXV, Offensiv- und Defensiv-Bündnis des Kaiser Leopold I. mit dem Könige von Polen CLXXXII, Bündnis mit dem Churfürsten von Bayern CLXXXV, Ausrüstung der kais. Donau-Flottille (1688) CLXXXVI. Befehl des Kaisers an Grafen Leslie wegen Aufstellung der Armee CLXXXVII, Ermächtigung des Dietrich Freiherrn von Rosa wegen Aufstellung eines Regiments CLXXXVIII, Ermächtigung an Grafen Daun zum selben Zwecke CLXXXVIII, Ermächtigung des Grafen Vitelli zum selben Zwecke CLXXXIX, Befehl des Kaisers zur Inangriffnahme von Befestigungsarbeiten in Wien (März 1683), CLXXXIX Fürst Lubomirsky wirbt für den Kaiser polnische Truppen CXC, Aufträge des Kaisers wegen Anlegung von Proviantmagazinen CXCIII, Schreiben des Kaisers an den Curfürsten v. Bayern CXCV, Schreiben

des Herzogs von Lothringen an den König von Polen CC, Alte Lieder und Gesänge auf die Belagerung von Wien CCIII, Vertrag, geschlossen wegen des Gusses der Josephinischen Glocke CCXXI, Beschreibung der auf die Belagerung Wien's geschlagenen Medaillen CCXXII.

Rezens: Mitteilungen der Centralcommission z. E. d. B. 1868 CVII ff.

164 *Die Denkmünzen auf die zweite türkische Belagerung Wiens im Jahre 1683.* Siehe: Hormayr's Taschenbuch f. v. G. 1842. S. 106—114. Hier werden 36 Stück Denkmünzen beschrieben, überdies ist dem Jahrgange 1826 dieses Taschenbuches eine Tafel beigegeben, die 6 Stück Gedächtnismünzen auf den Entsatz von Wien am 12. September 1683 zur Anschauung bringt.

165 *Die grossen historischen Gemälde in der Pfarrkirche zu Zolkiew in Galizien.* (Den Entsatz darstellend.) Siehe: Hormayr's Archiv 1825. S. 834 und sodann die Nachtragsnotiz 1827. S. 292.

Der Entsatz.

166 *Relation oder Eigentliche Beschreibung, Wie, vnd wo der Angriff der Entsatzung der Kayserlichen Residentz Stadt Wienn angeordnet vnd beschehen, auch was man nach glücklich erfolgenden Entsatz an Beuth erobert, vnd was sonsten Schrifftwürdiges sich dabey zugetragen, ist alles hierinn ordentlich beschrieben. Gedruckt im Jahr 1683 o. O. 4°.* 1 Bogen o. P.

Wiener Stadtbibl. I. 476. — Herzogl. Bibl. zu Wolfenbüttel.

167 *Dasselbe,* veränderter Druck.

Münchner Staatsbibl. Europ. 64 a 4°.

168 *Umständlicher Bericht | Was sich Bey dem glücklichen Entsatz der Stadt Wien | begeben | welcher massen die feindliche Armee bey Ungarisch-Altenburg | abermal aus dem Feld geschlagen | und noch ferner biss gegen Ofen verfolget wird. Anno 1683. 4°.* ½ Bog. ohne Pag. Blatt 1b: *Wien den 19. September. Nach-*

dem verschienenen Montag 8 Tage | die Kayserliche | und übrige alliierte Reichs Volcker zu Stein und Mautern | aufgebrochen.

Münchner Staatsbibl. Turc. 88/39 4°.

169 *Gründlicher Bericht | Welcher massen die bisshero sehr geängstigte Stadt Wien | von den gesammten Kayserl. und Alliirten Völckern | glücklich entsetzet | und der Feind völlig aus dem Feld geschlagen worden. Gedruckt Anno 1683.* 4°. ½ Bogen ohne Pag. Blatt 1 b. *Ueber die jüngst verwichene Mittwoch Nachmittag zu Wasser erfolgte Abreiss etc.*

Münchner Staatsbibl. Turc. 88/29. 4°.

170 *Relation dessen Was inzwischen Auffhebung der Belägerung der Kayserl. Residentz Stadt Wienn vorgangen.* (Darunter ein kleiner Holzschnitt.) *Regenspurg. | Druckts Paul Dalnsteiner 1683.* 4°. ½ Bogen ohne Pag. Anfang: *Als am nechst verwichenen Sontag den 12. September bey anbrechenden Tag der Christlichen Armee etc.*

Münchner Staatsbibl. Turc. 89/26. 4°.

171 *Eigentliche Abbildung der Kayserl. Residenz-Stadt Wienn | Wie solche von dem Türckischen Grossvezier Kara Mustapha Bassa den 14. Julii 1683 entsetzlich belagert | Von dero Hochgräflichen Excellenz Herrn Ernst Rüdiger | Graf von Stahremberg etc. als damahligen Commandanten | Dapffer defendirt | Und von denen Kayserlichen | Königlichen | Churfürstlichen | Fürstlichen und Reichs Alliirten Völckern den 12. Septembris höchst erfreulichst entsetzet worden. Samt einer richtigen Verzeichnus aller Beuten welche aus dem Türkischen Läger in die Wienerische Zeughäuser nach der Türken Flucht überbracht worden. Nürnberg | zu finden bey Johann Hoffmann | Kunst- und Buchhändler 168(3).* 8°. 21 SS.

Königl. Universitätsbibl. Erlangen. Kr. 1574.

172 *Relation worinnen enthalten, was sich ferner nach glücklicher Entsetzung der Wienerischen Belegerung denkwürdig begeben und*

zugetragen o. O. u. J. 4°. 4 SS. Gefällige Anzeige des Herrn Hofrathes v. Försteman in Dresden.
   Königl. öffentl. Bibl. Dresden. hist. Germ. D. 210 m. 20.

173 *Fernere Relation, der grossen herrlichen Victoria, welche die kayserl. königl., die Pohlnische, Churbayerische, Chursächsische, Fränkische und andere Reichsvölker den 12 September 1683 wider die grosse Türckische Armee so annoch über 100.000 Mann stark gewesen erhalten haben.* 4°.

174 *Genaue und eigentliche Relation Dessen was nach glücklichem Entsatz Der Stadt Wien Biss zum 15.(25.) Septemb. 1683 weiters passiret, wobey noch ein kleiner Bericht desjenigen, was vor Erlösung derselben vorgangen, mit angehenget. Worinen auch zugleich der Römischen Kaiserl. Majestät Einzug in die Stat Wien kürtzlich enthalten. Nürnberg, Druckts Johann Jonathan Felsecker.* 4°. 12 Seiten.
   Wr. Stadt Bibl. I. 751. — Münchner Staatsbibl. Eur. 7/64 a. — Herzogl. Bibl. zu Wolfenbüttel. — In meiner Sammlung.

175 *Dasselbe, Regenspurg | Druckts Augustin Horukwitz | 1683. 6 Blatt.*
   Münchner Staatsbibl. Europ. 64 a 4°. — Bibl. Haidinger. 1490.

176 *Dasselbe,* o. O. und Drucker. 4°. 1 Bogen.
   Münchner Staatsbibl. Turc. 89/32. 4°.

177 *Ausführlicher Bericht wegen erhaltener Victori wider die Türken bei Entsetzung der Stadt Wienn. Gedruckt zu Wien 1684.* 4 Blatt mit einem Titelholzschn. (türk. Brustbild).

178 *Dasselbe,* veränderte Ausgabe, mit dem Brustbilde Carl V.

179 *Sendschreiben von der Victoria der Christen, so sie bey Entsatz der Stat Wien gegen die Türcken erhalten. 1683.* 4°.
   Angezeigt in Weber, Litteratur d. d. Staaten. pag. 290, Nr. 1565.

180 *Ebenso „Zweites Sendschreiben."* 4°. 4 Bogen.

181 *Türcken Krieg und Christen Sieg. Hamburg 1685.* 4°. 216 und VIII. SS. Nach gefäll. Anzeige des Herrn Dr. Isler in Hamburg. Dürfte aber über die Wiener Belagerung wenig enthalten. Auch citiert v. Camesina.
   Hamburger Stadtbibl. 1 D. 86.

182 *Relation veritable du siège de Vienne. à Lyon 1683.* 12°. Angezeigt in Weber, Litteratur d. d. Staaten. p. 290. Nr. 1562.

183 *Récit de ce qui s'est passé au Siège de la Ville de Vienne, à la bataille donnée contre les turcs, à la levée d'icelui,* 8°. 3 SS. o. O. u. J. Gefällige Anzeige des Herrn Directors De Lisle in Paris.
   Bibliotheque National à Paris.

184 *Relation de ce qui s'est passé à la levée du siège devant Vienne avec la défaite des Turcs par l'armée Chrestienne. A Toulouse par J. Boude, imprimeur du Roy.* 4°. 4 SS. Gefällige Anzeige des Herrn Directors De Lisle in Paris.
   Bibliotheque National à Paris.

185 **Moeschen Henr. Laur.** *Or. de nupera victoria Christianorum ad Viennam. Baruthi 1683.* 4°. Weber, Litteratur d. d. Staaten. pag. 290 Nr. 1564.

186 *Warhaffte Abbildung der dapfermüthigen Helden, welche den Türkischen Bluthund, bey Ensatz der Kayserl. Residentz Stadt Wien, mit den Höchsten beystand, in die Flucht geschlagen. Zu finden bey Leonhard Loschge.* (Drucker in Nürnberg.) Folio.
   Herzogl. Bibl. zu Wolfenbüttel.

187 *Forme de la Bataille oder Schlacht Ordnung. Wie selbige bey Entsetzung der Kayserlichen Residentz-Stadt Wien und victoriousen Niederlage der Türkischen Macht angeordnet gewesen.* 1 Blatt in Quer-Fo. Gefällige Anzeige des Herrn Hofrathes v. Försteman in Dresden.
   Königl. Bibl. Dresden. hist. Germ. D, 216^m 26.

188 *Heroischer Heldenmuth oder exemplarischer Entwurf der Heldenthaten des Durchl. Herrn Carl V. Herzog v. Lothringen nebst Entsetzung der preiswürdigen kais. Residenzstadt den 12. Septemb. 1683.* Wien 1767. 8°.

189 **Hayne J. C. G.** *Abhandlung über die Kriegskunst der Türken.* Wien 1788. Ueber den Entsatz Seite 251 u. ff. mit zwei Plänen.

190 **Hedenos.** *Demüthigstes Danck- und Lob-Opffer welches Der Allerheiligsten Göttlichen Majestät | Nachdem | durch Dero mächtige Krafft | Wider den Erbfeind Christlicher Ehre und Lehre | Den 2. (12.) Septemb. 1683 erhaltenen Glücklichen Sieg | und Frölichster Entsatzung der beträngten Kaiserlichen Residentz-Stadt Wien | folgenden Tags darauff | in dem gewesenen Türckischen Lager | auf hohem Befehl | mit einer Volckreichen Versammlung allerunterthänigst abgestattet | Jacobos Christianos Hedenos des Hochloebl. fränck. Craisses | und L. Hoch-fürstl. Durchl. von Brandenburg-Bayreuth | verordneter Feld-Prediger | auch Pfarr-Adjunctus im fürstl. Amt. Osternoe Gedruckt | im Jahr 1684.* 4°. 6 Blatt ohne Pag.

Münchner Staatsbibl. Turc. 90/10.

191 *Carta Pastoral del ilvstrissimo, y reverendissimo señor Don Fray Alonso de Santo Tomas, obispo de Malaga, del conseio de sv magestad etc. A los Fieles de sv obispado exortandolos à Hazimiento de Gracias, en ocasion del Triunfo que tuvieron las Armas Cesareas, y Catolicas, contra las Otomanas, el dia 12. de Septiembre de 1683. Vobis referre placet, quod sine iniuria communis Christianorum solatij reticere non possumus. Ex Epist. Reg. Pol. ad Marchionem de Grana. Con Licencia. En Madrid. Por Antonio de Zafra, Criado de su Magestad. Año de 1684. Vendese en casa de Isidoro Cauallero, Librero, en la Calle de Santiago.* 4°. 32 Seiten.

Ausser diesen Werken siehe noch jene des folgenden Abschnittes.

Beteiligung der Hilfsvölker.

a. Sachsen.

192 *Aufrichtige und Unpartheyische Relation von der Victoria der Christen, So sie Beym Entsatz der Stadt Wien gegen die Türcken erhalten; Am 2. (12.) September 1683. Zur Vertheidigung der Sächsischen Tapferkeit, Welche Entweder aus Unwissenheit oder Missgunst ist in allen Relationibus, mit unverantwortlichen Stillschweigen übergangen worden, der wahrheitliebenden Welt mitgetheilet.* 8°. 13 Seiten. o. Ort und Jahr.

In meiner Sammlung.

193 *Dasselbe Stück* in zweiter Ausgabe. 8 Seiten in 4°. o. Ort und Jabr.

Königl. Bibliothek zu Dresden. Hist. Germ. D. 210m 18.

194 Sodann der wörtliche Nachdruck unter dem Titel: *Relation, von der Victoria der Christen, So sie beym Entsatz der Stat Wien, gegen die Türken erhalten. 1683.* o. Ort. 4°. 1 Bogen ohne Paginierung.

Wiener Stadtbibliothek I 750. — Herzogl. Bibl. zu Wolfenbüttel.

195 *Dasselbe, gleicher Titel. „Gedruckt Im Jahr Christi Anno 1683".* 6. Blatt. o. P.

Münchener Staatsbibliothek. Turc. 89/35 4°.

196 *Wahrhaft und eigentliche Beschreibung, der bey Entsetzung der Kays. Residentz Stadt Wien von Ihrer Churfürstlichen Durchlaucht von Sachsen persönlich mit seinen Völkern gethanen ruhmwürdigen Heldenthaten. Nach dem zu Leipzig gedruckten Exemplar 1683.* 4°.

197 **Suttinger Dan.** *Entsatz der Käyserlichen Haubt- und Residentz-Stadt WIEN in Oesterreich | herausgegeben durch Seine Churfürstliche Durchlaucht zu Sachsen Feld Artilleri Ober Hauptmann und Ingenieur Daniel Suttinger | Mit Churfürstl. Sächss. Gnädigster Freyheit | in Verlegung des Autoris. Dresden | Druckts Christoph Mathesius Anno 1688.* 6 Blatt in Fo. o. P. Blatt 2: *Kurtzer Vorbericht an den Curieusen Leser.* Blatt 3: *Kurtzver-*

fasste Relation etc. *Demnach Wien in Oesterreich Anno 1683
den 4/14 Juliy von der Türkischen Armee* etc.
Wiener Stadtbibliothek I. 759.

198 *Gloriosa Viennae invictissimi imperatoris sedis, Austriae
Metropolis liberatio edita ab Serenissimi Elect. Saxoniae Campestrio artilleriae supremo praefecto et ingenario, Daniele Suttingero, e versione Merbitziana cum Privilegio Electoris Saxonici
sumptibus Authoris Dresdae Tipis Christophori Mathesii Anno
MDCLXXXIX.* Fo. 6 Blatt o. P.
Wr. Stadtbibl. I. 759.

199 *Heinrich Anshelms v. Ziegler und Klipphausen, Churfürstl.
Sächs. Rath* etc. *Teglicher Schauplatz der Zeit* etc. *Leipzig 1695.*
S. 1069—74. Entsatz der Stadt Wien und Anteil der Sachsen hieran.

200 **Feuerlein Jo. Cph.** *Helmbrecht-Franc. Saxo Heros, i. e. Jo.
Georgii III. res contra Turcam in obsidione Viennensi a 1683
gestae oratione descriptae et in illustri Ruthenco decantatae, Gerae
1683.* Fo. 4 Bogen.

201 **Kirchmaieri Ge. Casp.** *Panegyricus Jo. Georgio III. forti,
felici quandoque reduci a Vienna liberata et fugatis barbaris
dictus. Wittenb. 1683.* Fo. 7 Bogen.

202 **Staupitz C. Henr. de.** *Equ. Sus.. memoranda Leonis Saxonici victoria contra Turcam delineata Lips. 1684.* 4°. 2 Bogen.

203 *Ei Gloria. Jo. Georgii III. in Viennensi victoria parta
Lips. 1684.* 4°. 1 Bogen.

204 *Journal über die chursächsische Armee zur Entsetzung der
Stadt Wien 1683. Siehe: Kreysigs Beiträge zur Historie der*

Chur- und fürstlich Sächsischen Lande. Bd. II. XXI. S. 410 bis 437.

205 **Churfürst Johann Georg III.** *bei dem Entsatze von Wien im Jahre 1683. Nebst einem Anhang den Antheil Sobiesky's an dem Entsatze und eine Darstellung der Ereignisse bis zum Schlusse des Feldzuges enthaltend.* Siehe: Histor. Taschenbuch v. Friedrich v. Raumer. Leipzig 1848. 8°. 219—331.

206 **Lochner.** *Ueber den Antheil Johann III. Sobiesky's, Königs von Polen. Johann Georg III., Kurfürsten von Sachsen und ihrer Heere an dem Ensatze von Wien im Jahre 1683. Eine von der fürstlich Jablonowsky'schen Gesellschaft der Wissenschaften zu Leipzig gekrönte Preisschrift von Georg Wolfgang Karl Lochner.* Nürnberg 1831. 8°. 110 SS.

Eine kritische Darstellung des Anteiles Johann Georg III. an dem Entsatze findet sich in Camesina: Wiens Bedrängnis pag. 85 ff. (Siehe auch noch die Nr. 211.)

b. Bayern.

207 **Kurfürst Maxmilian Emanuel.** *Seine Feldzüge für Oesterreich gegen die Türken.* Siehe Heinr. Zschoke: Bayrische Geschichte III. S. 3 9 ff.

208 **Morawitzky.** *Beiträge zur Geschichte der Türkenkriege 1683—1688 zunächst die bei verschiedenen Gelegenheiten in Gefangenschaft gerathenen Türken und in türkische Gefangenschaft gerathenen churbayerischen Soldaten, dann deren gegenseitige Auswechselung und hierüber gepflogenen Correspondenz betreffend. Aus amtlichen Aufzeichnungen des k. k. Reichs-Archives, mitgetheilt von Graf Topor Morawitzky.* Siehe: Oberbayrisches Archiv für vaterländische Geschichte von dem histor. Vereine von und für Oberbayern. München 1857. 17. Bd. S. 174—188 und 298—326.

209 *Schreiben des Kaysers Leopold an den Churfürsten von Bayern.* Siehe: Camesina, Wiens Bedrängnis. Anhang pag. CXCV.

210 *Bündniss mit dem Churfürsten von Bayern.* Siehe Camesina l. c. p. CLXXXV.

c. Brandenburg.

211 *Der grosse Kurfürst von Brandenburg über die Belagerung Wiens an den Kurfürsten Johann Georg von Sachsen 1683.* (Datiert: Postamb 15. Juli 1683) Siehe: Hormayr's Taschenbuch für vaterländische Geschichte 1849. S. 117.

212 *Der genau und eygentlich abgebildete Türkische Rossschweif welcher von dem Durchleuchtigisten Fuersten und Herrn Herrn Christian Ernsten Marggrafen zu Brandenburg, zu Magdeburg | in Preussen Hertzogen etc. etc etc. bey der herrlichen und sieghaften Entsetzung der Stadt Wien nebst andere Beute erhalten und itzo dem begierigen Leser zur Vergnügung (sammt des Gross Veziers Arabischer Hauptfahne) abgemahlet und vorgestellet worden. Nürnberg Bey Georg Scheurern, Kunsthandler zu finden. 1684.* 4°. 20 Seiten; mit 2 Kupfern: dem Rossschweif und der Standarte.

Seite 1: *Der türkische Rossschweif,* Seite 2: *Die Hauptfahne,* Seite 11: *Der ottomanischen Standart Auslegung etc.,* Seite 19: *Neben dieser herrlichen Beute ist auch Folgendes an Munition im Türckis. Läger gefunden worden etc.*

Münchner Staatsbibl. Turc. 90/5. 4°. — Bibl. des Herrn Haidinger in Wien 1487.

Vergleiche auch die Nr. 190.

d. Polen.

213 *Ausführliche Relation von den (sic) zwischen den Christen und Türken den 2./12. September Anno 1683 unter der hohen Direktion Seiner Majest. dess Königs in Pohlen .... gehaltener*

Schlacht. Gefällige Anzeige des Herrn Hofrathes von Förstemann in Dresden.
Königl. Bibliothek zu Dresden. Hist. germ. D. 210m 26.

214 *Victoria à Regia sua Poloniae majestate. In partibus confinyarijo 5. die Mensis Decembris Anni elapsi 1683 contra Turcas et Tartaros feliciter obtenta.* 4°. 5 Blatt o. J. O. o. P.
Münchner Staatsbibl. Turc. 89;41. 4°.

215 **Grandius Jac.** *In Viennam liberatam et victoriam turcicam a Seren. Joanne III Poloniae Rege celeri victore, liberatore partam epinicium. Cracoviae Officina Alberti Corecki 1684.* 4°.

216 **Kochowsky.** *Commentarivs belli adversùm Turcas ad Viennam & in Hungaria. Anno Chr. MDCLXXXIII. gesti ductu & auspicijs serenissimi ac potentissimi Joanis III. Regis Poloniarum Mag. Dvc. Lithvaniae. &c. Scriptore Vespasiano à Kochow Kochowski. Cracoviae, In Officina Alberti Corecki 1684.* 4". 100 SS.
Münchner Staatsbibl. — Eine handschriftliche Copie Universitätsbibl. austr. spec. I. 320.

217 *Joanni III. Poloniae Regi invictissimo ob Viennam ab obsidione Trrcarvm liberatam Panegyricus Romae habitus ab Antonio Malegonnellio, nunc de Amadoris In Aedibus Eminentiss. Principis Caroli Cardinalis Baberini, Regni Poloniae apud Sanctam Sedem Protectoris. Ad exemplar Florentiae annô MDLXXXIV. Apud Hippolytum Navesium. Superiorem permis. impressum.* 4°. 24 Seiten.
Münchner Staatsbibl. Turc. 90/12. 4°.

218 *Copia litterarum ad Sacram Caesaream Majestatem à Regni Poloniae Scriptarum Post Titulosconsuetos.* 4°., ½ Bogen o. P.
Münchner Staatsbibl. Turc. 89/2. 4°.

219 *Copia eines Schreibens, welches Ihre Majestät der König in Pohlen an Ihro Mayestät die Königin auss dem Lager in Wien hat abgehen lassen.* 4°. o. O. u. J. Dieselbe Relation in den „Inhalt der denkwürdigsten Sachen" etc.

Bibl. Haidinger Wien. — Königl. Bibl. in Dresden. Hist. germ. D. 210m 24.

220 *Relacion extraordinaria del martes veinte y tres deNouiembre de 1683. Carta, qre el Señor Rey de Polonia escriuió á la Señora Reyna su Esposa. á 13. de Setiembre 1683 de la Fienda del Gran Visir, cerca de Viena.* Am Ende: *En la Imprenta de Bernardo de Villa-Diego, Impressor de Su Magestad, Con Privilegio.* 4". 4 Blatt.

221 **Salvandy.** *Lettres du roi de Pologne Jean Sobiesky à la reine Marie Casimire, pendant la campagne de Vienne, traduites par M. le comte de Plater, et publicés par M de Salvandy. Paris chèz Michaud libraire editeur et chez Santelet.* In deutscher Uebersetzung als:

222 *Briefe des Königs von Polen Johann Sobiesky an die Königin Marie Kasimire während des Feldzuges von Wien, von F. T. Oechsle Heilbronn 1827.* 8°.

Rezens: Allgem. Literat. Ztg. Halle 1829. Dec. Nr. 222.

223 *Briefe des Pohlenköniges Johann Sobiesky beim Entsatze Wiens an seine Gemalin Maria Louise Casimire de Bethune Marquise de Arquien.* Siehe: Hormayr's Archiv. 16. Jahrgang. S. 803 ff.

224 *Der Entsatz von Wien durch Sobiesky.* Siehe: Historische Unterhaltungen für gebildete Leser von Ludwig v. Baczko. Halle und Leipzig 1812. 8". Seite 1—22.

225 **Lochner.** *Ueber den Antheil Johann III. Sobiesky's, König von Polen, Johann Georg III., Kurfürsten von Sachsen, und ihre Herrn. Nürnberg 1831.* (Siehe Nr. 206.)

226 **Dalerac.** *Les anecdotes de Pologne ou Memoires secrets du règne de Jean Sobieski. T. 1—2 Amsterdam 1699.*

227 **Cantemir.** *Histoire de l'empire Ottomane traduit, en français par Janequiere. à Paris 1743.*

228 **Coyer.** *Histoire de Jean Sobieski. Amsterdam 1761.*

229 **Salvandy.** *Histoire de Pologne avant et sous le Roi Jean Sobieski par N. A. de Salvandy. Tomes III. Paris 1829.* 8º.

230 *Offensiv- und defensiv Bündniss des Kaisers Leopold I. mit dem Könige von Polen.* Siehe: Camesina, Wiens Bedrängnis pag. CLXXXII.

231 *Schreiben des Herzogs von Lothringen an den König von Polen.* Siehe Camesina. l. c. p. CC.

232 *Abriss dess Standarts dess grossen Vizirs, welchen Ihro Königl. Majest. in Polen, Johannes der Dritte vor Wien mit grosser Gefahr dess Lebens gewonnen | und Ihro Päbstl. Heiligkeit Innocentio dem Eilfften zum Zeichen der Victori durch seinen Italianischen Secretarium auff Rom überschickt hat.* 1 Bogen in Fo. auf einer Seite bedruckt, oben die in Kupfer gestochene Abbildung, darunter die „*Ausslegung der Wörter der Standarte*".
Münchner Staatsbibl. Turc. 90,24.

233 *Die Aussgelegte vnd Erklärte Ottomannische Standarte | Oder Ausslegung der Arabischen Wörter | welche in der Haupt Standarte | die durch Ihre Königliche Majestät von Polen Joanne dem III. von dem Türckischen Grossvezier ist erobert; vnd durch höchst gemeldte Mayestät | zu einem Zeichen derselben Devotion an Ihre Päbstliche Heiligkeit | Innocentio XI. überschicket worden.* Darunter beginnt der Text, wie in der vorstehenden Nummer. 4º. 5 Blatt o. P. und 1 Kupfer (die Standarte); auch beigebunden das „*Te Deum Laudamus*".
Bibl. Haidinger. — Auch unter meinen Kleinigkeiten.

234 **Komarek J. J.** *Auslegung der Arab. Wörter in der Haupt Standarte, die durch Ihre kgl. Maj. von Pohlen Joanne III. von dem Türkischen Grossvezier ist erobert worden. De Vienna obsidione soluta, et Turcis fugatis paraphrasis super hymno Te Deum laudamus.* 4°. o. O. u. J. (1683). Mit der Abbildung der Standarte.

235 *Augenscheinliche Wahrzeichen von der Christen Waffen Glück, und fehlgeschlagener Türcken Tük. Welche Durch die von ihnen eroberte mit Arabischer Sprache beschriebene, und zum höchsten heilig gehaltene Haupt Fahne, so da beiliegende Kupfer Bildnus nach, bey Wienn, dem Grossvezier von dem Durchl. Fürsten und Herrn Herrn Johanni dem III., König in Pohlen abgenommen, und von seiner Königlichen Mayestät an Ihre Päbstliche Heiligkeit Innocentium den XI. überschickt worden, mit mehrern vorstellig gemacht und der Verlauf von selbiger, samt vielen andern sonderbaren Denkwürdigkeiten ausführlich beschrieben. Nürnberg, In Verlegung Georg Scheurers, Kunsthändlers 1683.* 4°. 1 Bogen o. P. mit einer Kupfertafel, die Fahne vorstellend.

Seite 1—4 beschreibt die Fahne und die Ceremonien bei Uebergabe derselben an dem Papst. Seite 5 und 6 enthält ein Verzeichnis der im türkischen Lager erbeuteten Gegenstände.

Wr. Stadtbibl. I. 478. — Münchner Staatsbibl. Turc. 90/3. 4°.

236 *Descrizione dello Stendardo Regale del Gran Turco Inniato dal Re di Pollonia Giouanni III. al Sommo Pontefice Innocenzio XI. Con la sposizione delle parole Arabiche ine tessute All Eminentiss. e Reverendiss. Signor Cardinal Vincenzo Maria Orsini. In Napoli, Presso Giuseppe Roselli 1684. Con licenza de Superiori. A spese di Antonio Bulifon.* 12°. 48 SS. mit einer Abbildung der Standarte.

Biblioteca Nacional in Madrid. a. 2. b. 5.

237 *Oracion á nuestro santissimo y beatissimo Padre Inocencio XI. dicha por el Ilustrissimo, y Reverendissimo Señor Juan Casimiro Denhoff, Abad de Clara Tumba, y Embaxador*

Extraordinario del Serenissimo, y Potentissimo Señor Juan III. Rey de Polonia, En ocasion de presentar á su Santidad el Estandarte Real del Otomano Exercito, que ganó el Señor Rey de Polonia en el Socorro, y Batalla de Viena este año de 1683, con la explicacion de las letras Arabigas que guarnecen y orlan el Estandarte. I vna Carta escrita desde el Campo por el Señor Rey de Polonia al Marques de Burgumayne, Embaxador de España en la Corte Cesarea. Con licencia. En Madrid en la Imprenta Real: A la Calle del Carmen, Por Mateo de Llanos. Año 1683. Hallaráse en la Puerta del Sol en Casa de Juan Martin Merinero, Librero, y en Palacio. 4 Blatt 4⁰.

Bibl. Nacional in Madrid.

238 Ueber die Uebergabe der Standarte an den Papst findet sich auch ein ausführlicher Bericht in: *Jac. Franci, Historische Beschreibung der denkwürdigsten Geschichten ec. Frankfurt 1684, pag. 65 ff.* Noch enthalten über selbe (wie auch über die Briefe des Königs an seine Gemalin) Mehreres die Nr. 39, 65 u. 73.

Verzeichnisse.

In der Abteilung „Gleichzeitige Relationen und solche aus der nächsten Zeit", sind bereits als Anhang anderer Werke mehrere einschlägige Verzeichnisse der eroberten Beute, verbrauchten Munition, gefallenen oder gefangenen Christen u. s. w. aufgeführt worden; als selbstständige derartige Berichte wurden mir bekannt:

239 *Ein Particular-Schreiben In welchem die Verzeichnuss oder der Eigentliche Bericht, Was aus dem Türckis. Lager, wuerklich in das Kaiserl. Zeug Hauss in Wienn gebracht worden. Sampt einer Lista der Kaiserl. Armee, welche anietzo wuerklich wider dem Erbfeind agiret. Sub dato Wienn, den 25. September Anno 1683.* o. O. 4⁰. 1 Bogen o. P. (Auch abgedruckt bei Fuhrmann und Huhn.)

Wiener Stadtbibl. I. 600. — Münchner Staatsbibl. Turc. 89/14. 4⁰.

240 *Lista, Was auss dem Tuerckischen Laeger wuercklich in das Kayserl. Zeughauss zu Wienn gebracht worden. Sambt mehreren anderen lesswuerdigen Neuigkeiten. Herausgegeben den 16. September 1683.* 4°. ½ Bogen o. P.

241 *Aus Wien den 17. Augusti. Verzaichniss aller Völker so der Zeit gegen dem Türken auff den Bainen und guter Theil vor dem Erbfeind stehet. Augspurg.* 2 Blatt 4°.

242 *Glaubhafte Specification der Ungarischen Christen Manns und Weibs, hoch und niedern Standes Personen, sowohl als jungen, wie viel nähmlich derer von der grausamen türkischen Kriegsmacht, als dieselben von Wien zurückt, in die ewige Dienstbarkeit gefänglich genommen worden, worbey auch specificiret, was die Türken an Kriegsrüstung hinterlassen, auch was in des Grossveziers Zelt gefunden, und wie viel Städt und Dörfer von Türcken verbrennet worden. Anno 1683.* o. O. 4°.

243 *Verzeichniss aller Vezier, Bassen und anderer Befehlshaber, welche in dem Türkischen Läger vor Wienn (anno 1683) gewesen attaquirt haben.* 4°. Vergl. Camesina, Huhn, Fuhrmann und Happel.

Ueber die erbeutete Fahne und den Rossschweif, siehe den vorhergehenden Abschnitt.

Gleichzeitige Gedichte und dramatische Bearbeitungen.

244 **Feigius**. *Adlers-Krafft, oder Europäischer Heldenkern, das ist: Warhaffte, vnd aussführliche Beschreibung der hohen Tapfferkeit, welche die christlichen Helden, Ritter vnd Soldaten, wie auch Jedermänniglichen in Wehr vnd Waffen erwisen, vnd jhnen hierdurch bey gantzer Welt einen vnsterblichen Nahmen erworben haben: Als Wienn von den Türcken belagert ward, vnd was sich so wol im Türckischen Lager, als innerhalb der Stadt, von Tage begab.*

Wie schimpfflichen der Gross-Vezier von seiner Gemahlin nach übel abgeschlagenen Feld-Zug bewillkommet worden; Vnd was noch Preisswürdiges selbiges Jahr in Vngarn von der christlichen Armee ist verrichtet worden; Wie auch nochmahlen die ottomanische Port wider das Römische Adler-Hauss, eine viel grösser Macht, als vorige gewesen ist, auff dem Fuss zu bringen, sich berathschlaget habe. Vnd was sich ferner wegen der Krieges Waffen biss zu End des 1684 Jahrs ereignete; Sambt vnterschidlichen denkwürdigen Geschichten vnd Ehren-Gedächtnussen hoher Standts Persohnen, welche ihr Leben vor dem Erb-Feinde von Anfang dess Kriges bisher Ritterlichen auffgeopffert haben. Zu Trost vnd Ergötzlichkeit der Streitenden für die Christenheit in Teutsche Heroischen Verssen ans Liecht gegeben. Wien bei Johann Jacob Kürner 1685. 4⁰. 376 SS.

<blockquote>
Von Helden, Rittern, Wehr und Waffen will ich singen,
von grosser Tapferkeit, vnd vielen andern Dingen,
Die sich begaben hier, vnd an viel Orthen mehr
Als erstlich kam vor Wienn der Türcken grosses Heer.
</blockquote>

Bis zum Schlusse der Belagerung 7488 Verse, der zweite Teil 4420 mithin zusammen 11908 Verse. Der 15. Juli abgedruckt, als: *Die türkische Belagerung 1683 in Versen beschrieben.* Austriakalender 1844 S. 76 u. ff. Vergleiche auch:

Kábdebo, *Ueber einige Curiosa der Wiener Literatur. Vortrag gehalten im Vereine von Literaturfreunden. Wien 1873.*

Patina C. G. *Der fürtrefflichen und Hochgelehrten Jungfer Gabrielis Carola Patina | über die glücklich entsetzte und völlig wiederum befreyte Kayserliche Residentz-Stadt Wien | Auf der Italiänischen Academie Padua in Lat. Sprache gehaltene | Und dem Unüberwindlichsten Siegesprangenden Röm. Kayser Leopolden zugeschriebene | überaus zierlich- und wohlabgefasste Lob Rede wegen der darinnen herrlich hervorscheinenden hohen Beredsamkeit | nachdrücklichen schönen Sachen | netten und sehr wohlkommenden Red-Arten | in das Teutsche | nach dem eigentlichen Wort-Verstande | übersetzet | Und gleich als ein gar ungemeines | und darbey hauptsächlich curiöses Kunst-Stück der Weltberühmten Urheberin zu hochverdienten Ehren und Ruhm hervorgegeben. Gedruckt im Jahre 1684. o. O. 8⁰. 33 SS.*
Universitätsbibl. Erlangen. Kr. 1571.

248 **Patina C. Catharina.** *Parisina. Academica. Oratio de liberata civitate Vienna habita Patavii. Prid. Kal. Nov. 1683.* 4°.
Hamburger Stadtbibl. I. F. III. 171 K.

249 *Pöetisches Te Deum Laudamus, oder Glück wünschender Freuden Ruff, Als die Kays Residentz und Haupt Statt WIEN. Der langwierigen Belägerung glücklich entsetzet, und dem Röm. Adler die gebundenen Flügel gelösst worden Regenspurg, Druckts Augustus Hanckwitz. 1683.* 4 Blatt 4°. mit Titelholzschn. (Wappen).

ADLER lass von deinen Trauren,
Schwing dich auss dem Nest hervor,
Blühen doch aus deinen Mauren
Nichts als Lorbeer-Zweig empor. etc.

20 achtzeilige Strophen.

Abgedruckt im Glaubwürdigen Diarium. Nr. 17, Inhalt der Denkwürdigsten Sachen Nr. 39, Schimmer: Wiens Belagerungen S. 347, Camesina: Wiens Bedrängnis pag CCXX. etc.

Bibl. Haidinger Wien. — Münchner Hof- und Staatsbibl. — Königl. Kreisbibl. zu Regensburg.

250 *Frolockende Aria an den siegreichen Roemischen Adler.*
Siehe: Erasm. Francisci, Schau und Ehren Platz etc. Nr. 33.

Adler Koenig aller Vögel
Schwinge durch der Flügel Segel etc.

14 sechszeilige Strophen.

Abgedruckt in Camesina: Wiens Bedrängnis pag. CCXVII u. f., auch in der gleichzeitigen Brochure J. N. D. Ausführliche und gründliche Erzählung. Nr. 40.

251 *Triumph- Vnd Freuden-Lied Wegen der durch die Kays. Reichs- und Pohlnische Armee Gott Lob! glücklich entsetzten Kayserl. Residenz-Stadt Wien in Oesterreich von der grausam-entsetzlichen Belägerung der Türken Gross-Macht, So geschehen Sonntags den 2. und 12. Septembris dises 1683 Wunder Jahrs. Nach der Sing Weise, Ach weh du armes Prag etc. Gedruckt in diesem Jahr.* 2 Blatt 4°.

FReu dich du edles Wien
Dass du nun wieder worden frey! etc.

252 22 Strophen. Enthält ferner: *Loblied des tapffern Wiener Commandanten Herrn Herrn Ernst Ridiger Graffen von Starenberg.*

Vivat Starenberg der lebe
Sturenberg in Ehren schwebe.

3 Strophen. Dieses letztere abgedruckt in v. Camesina: Wiens Bedrängnis pag. XLVIII. Das erste eben daselbst pag. CCXXII.

Bibl. des Herrn Haidinger in Wien.

253 *Triumphirende Sieges-Palmen, oder Sieges Palmen der Triumph.* Folgt nun eine langathmige Lobesrede über die Belagerung. Nach der Singweise *Was sind das für grosse Schlösser etc.*

Auf! Ihr Teutschen! lasst uns leben.
Gott, der uns so gnädig ist etc.

18 siebenzeilige Strophen.

Abgedruckt in Camesina: Wiens Bedrängnis pag. CCXIX u. f.

254 *Vier Denkwürdig- und Ausführliche Relations-Gesänger; von der harten Belagerung der Stadt Wienn und grausamen Türckischen Wüterey auff dem Land so angefangen den 14. July im 1683 Jahr.* o. O. u. J. (1683) 4 Blatt mit Titelholzschnitt.

Das erste Gesang: Vom Türckischen Einfall ins Land. Im Thon: Maria Königin Mutter und Helfferin. 1. Bedrängtes Oesterreich Was für ein schwerer Streich hat dich geschlagen. 27 Strophen.

Das anderte Gesang: Von der Belagerung Wienn Und Heldenmüthigen Tapfferkeit Ih. Excell. Hn. Hn Ernst Rüdiger Grafen von Starenberg Kays. Generalen und Commandanten. Im Thon: Eines Trompeters Stück. 1. Auff O Wienn-Stadt jubiliere Mit Vivat und Freuden Schall etc. 12 Strophen.

Das dritte Gesang: Von Georg Frantzen Kolschitzky. Im Thon: Ich bin ein armer Cavallier. 1. Es bleibbt ein stäther Ehren-Klang Und wann die Welt auch noch so lang. 27 Strophen.

Das vierte Gesang: Von Ihr. May. König in Pohlen Kays. Völckern Beyden Churfürstl. Durchl. Bayern und Sachsen, Welche dem Ensatz persöhnlich beygewohnt. Im Thon: Amoena erlaub mir in Garten zu gehen. 1. Oesterreich spitze die Ohren jetzt und ich kann nicht verschweigen etc. 20 Strophen.

Abgedruckt in Camesina: Wiens Bedrängnis pag. CCIII u. ff.

Königl. Bibliothek zu Berlin.

255 *Türckische Prügel-Suppe, dem verlogenen GOTT MAHO-
MET, Welche ihme der Tyrannische Gross Vezier, wegen em-
pfangener Teutscher tichter Ohrfeigen, seines Bernheuterischen
Grossprechens, und flüchtigen Verlusts, hat kochen und anrichten
lassen. Mit bedrohung, ihme auf ferneres Missrathen, aussblei-
benden Sieges, vollend gar todt zu schlagen. Allen tapfferen und
grossmüthigen Teutschen vorgestellet. Zu einem Gelächter einer
so armseligen und ohnmächtigen Gottheit. Gedruckt im Jahre 1683.*
4°. 1 Bogen o. P.

*Ach ach der grossen Noth
Hör Mahomet du ertzverlogner Gott. etc.*
24 sechszeilige Strophen.

256 Abgedruckt im *Austria-* oder österr. *Universal-Kalender
1852/53.* und in Camesina: Wiens Bedrängnis pag. CCVII.
Münchner Staatsbibl. Turc. 89/22. 4°. — Königliche Kreisbibl. zu
Regensburg.

257 *Türckische Brügel - Suppen Allen Dapffern vnd Gross-
müthigen Teutschen | zu einem Gelachter vorgestellet. Nach der
Sing Weise Dorindgen weine nicht etc.* (Darunter ein Holzschn.)
*Sambt vnterschidlichen Extract Schreiben von Wienn, Lintz vnd
Steyermarck | wie auch von Rom | vnd Nider Elb. Gedruckt im
Jahr Christi | 1683.* 4°. 1 Bogen o. P.

*Ach ach der grossen Noth
Hör Mahomet du ertzverlogner Gott etc.*
Münchner Staatsbibl. Turc. 89/23. 4°. — Königl. Bibl. zu Berlin.

258 *Hertz- und Magen Vomitiv zur Kühlung Des Heiss-
hungrigen und Blut-Durstigen Wolff-Magens, des Primo-Veziers.
Von den Hohn- und Spott-Ingredientien Der Christlichen Poten-
taten und von der Wienerischen Geschütz und Stück-Massa, Auff
eine Dosis zugerichtet, und an statt eines kühlenden Syrups auss-
zutrinken fürgesetzet von Gott Hilfft Wunderlich! Im Jahr
ALs Starnbergs KVnst VerstanD VnD WItz BesChVtzet hat
Des KaIsers SItz.* 4°.

*PAcke dich Bluthund, du Primo-Vezier,
Nichtes verfanget dein hundisches Pochen!
Laufe nach Hause, du Mahomets Thier,
An deme die Christen sich rühmlich gerochen!*

Frage den Mahomet, Deinen Propheten,
Warumb Er lasse Sein Ebenbild tödten?
20 sechszeilige Strophen. Abgedruckt in Camesina: Wiens Bedrängnis LIII. f.

259 **Herzog M.** *Denck- und Merckwürdige Grund-Beschreibung | der Kayserlichen Haubt- vnd Residentz Statt-Wienn | Welche den 14. Julij 1683 von den Türcken belägert | Aber unter dem Allerhöchsten Schutze. Mit Leopoldi I. Röm. Kaysers Rath und Fleiss | Mit Ihr Maystat König auss Pollen Joannis Dess III., Wie auch Ihrer Durchlaucht Beider Chur-Fürsten auss Bayern | vnd Sachsen | gegenwardt vnd starcker Hilff, Unter dem Hertzog von Lothringen Kays. General Leutenandt, der Zeit der Belägerung aber von Ernst Rudiger General von Stahrenberg commandirt | ist den 12. Septembris obgesetzten Jahrs noch in die Flucht geschlagenen Feind endsetzt vnd liberirt worden. Mit flichender Federpflug aufgesetzt Durch Matthiam Herzog R. R. L. L. etc. Phil. Magistr. J. U. Studiosum. Cum Litentia superiorem. Gedruckt zu Wienn in Oesterreich beyden Viviani'schen Erben, im Jahr 1683.* 4°. 1 Bogen o. P. Am Schlusse der Druckerstock.

„*Was für ein scharpffe Macht von Ost? hat vnlangst die Wiennstatt — Gantz urplitzlich überfallen, da niemand kein Mainug hat — feindlich mit Feuer vnd Schwert wie ein schneller Donnerstreich — Durchgestrichen grausamlich durch das vnter Oesterreich etc.*"

Münchner Staatsbibl. Turc. 89/8^m. 4°.

260 *Die bekriegte und triumphirende Donau in Londen eingeführt und vorgestellt, Als Des Kayserlichen Herrn Abgesandtens in Engelland etc. Herrn Grafen von Thun Excellentz alldorten die Nachricht erhalten Vber Den Entsatz Der Von TVrCken, VIeL geängstIgten StaDt. WIen.* (Darunter ein Monogramm.) *Nürnberg. Druckts Joh. Michael Spörlin.* o. J. $^1/_2$ Bogen in 8°. o. P.

Die Donau satzte sich bey ihrem Ursprunge nieder
Die Flut quall unter ihr mit süssem Schal herfür,
Es sinkten nach und nach die matten Augenlider
Der süsse Wasserfall erregt den Schlaff in ihr.

Königl. Universitätsbibl. Erlangen Kr. 1574. — Unter meinen Kleinigkeiten.

261　Entsatz von Wien 1683.

Der Mond der scheint er will voll werden,
Er scheint viel heller als andere Licht,
Er breitet sich aus ganz über die Erden,
Seht ihr die feurigen Flammen nicht,
Der Rauch der steiget bis in den Himmel,
Die Welt erbebet von ihren Getümmel.

13 sechszeilige Strophen.

Aus dem um 1730 gedruckten Berg Lieder Büchlein mitgeteilt von Camesina: Wiens Bedrängnis S. 137.

262　Aus den Lied auf die Befreiung Wiens und die polit. Weltlage v. Johann Poyssl, Can. reg. Baumburg.

Wien Siegreiche Christen Mauer,
Auferbaut von Edelgstain.
Khomst der Porten ziemblich Sauer,
So dich gfast mit Türckes ein
Wer will schetzen dein stainhauffen,
Bist mit kheinem Werth zu kauffen.
Billich in dir stets wohne
Der Erden höchste Crone.

6 achtzeilige Strophen.

Zum erstenmal mitgeteilt von Camesina: Wiens Bedrängnis pag. CCXXI.

263　*L. C. L. Remarquable's Historische Briefe, Frankfurt und Leipzig 1694* enthält folgende Sonetten: 1. An den Kayser — Der Saracene Fleucht, der Tartar wird geschlagen. 2. An General Stahrenberg — Held, den die Christenheit mit tausend Palmen Zweigen. 3. Auff das erloeste Wien — Da ligt der Heyden Trutz, der Muselmannen Macht. 4 An Chur Bayern und Sachsen — Komm aus des Grabes Nacht Komm Maximilian. 5. An den König in Pohlen — Unsterblich grosser Held, dem Glueck und ueberwinden.

264　Zuerst abgedruckt von *L. T. J. Elfrik* als: *Fünf Sonette über die Wiennerische Victorie 1683* im: Österr. Archiv 1832. S. 555 und 558; sodann in Camesina: Wiens Bedrängnis, am Titelblatt und pag. CCXXVI.

265 *Die weitberühmte Und Wohl ausgebaute Türckische Bad-Stube. So vor Wienn 1683. ist geheitzet worden. — Gedruckt im selben Jahr. o. O. 4°.* 1 Bogen o. P.

König in Pohlen:
Ich habe nechster Tag mit schneller Post vornommen.
Dass für das edle Wien, ein Türckscher Gast ist kommen.
Ich muss selbst auf den Weg, dass ich im gratulir
Und mit gesambter Hand, erst hin zum Lande führ.

Wörtlich abgedruckt in Camesina: Wiens Bedrängnis pag. CCXVIII.

Wr. Stadtbibl. I. 473. — Münchner Staatsbibl. Turc. 88/32. 4°.

266 *Neu vermehrete und dem günstig-geneigten Leser zur Belustigung wohl aussgebutzte und verbesserte Türckische Badstube .... nebst beigefügter denen aus dem Baade kommenden Gästen bey Bakan und Gran vorgesetzten kalten Schaale und Erfrischungen. 1684. o. O. 4°.* Nach Weller's Annalen I. S. 191. Nr. 1031.

267 *Wer sucht, der findt. Des Tuerckischen Gross-Vizirs Cara Mustapha Bassa Zuruck Marsch von Wienn nach Constantinopel.*

A. Gross-Vizir.
Ach weh mir armen Tropff! jetzt muss ich billich klagen!
Mir lage stäts im Kopff, die Cristenheit zu plagen etc.

Dram. Gedicht in 48 Verszeilen. Am Ende:

Gedruckt zu Wienn in Oesterreich, bei Leopold Voigt Acad. Buchdrucker, im Jahr 1684. Abgedruckt in Camesina: Wiens Bedrängnis pag. LIV.

268 *Der elende und schimpffliche Abzug dess Türckischen Gross-Veziers auss der Christenheit, und des Türckischen Hofs, und der krumm- und lahmgehauenen Türcken Klags Geschrey über den so elend-geführten Feld Zug. Gedruckt 1684. o. O.* Folioblatt mit Kupfer (Kara Mustapha auf einem Esel reitend).

269 Dramat. Gedicht in 68 Verszeilen. Abgedruckt im Serapeum XIII. S. 52; sodann in Camesina: Wiens Bedrängnis pag. LIV.

Der hinekende Bott:
Grossmächtigster Monarch, ich bin ein böser Bott
Weil unser Mahomet uns stecken liess in Noth etc.
Bibl. des histor. Vereines in Würzburg.

270 **Schimpflicher Abzug des Türckischen Feldherrns oder Gross-Veziers von der Kayserlichen Residentz Stadt Wien, neben einer kurzen Beschreibung seines ganzen Lebens**..... Gedruckt im Jahr Christi 1684. 11 S. mit 3 Kupfern 4°. o. O. Andere Ausgabe der vorstehenden Nummer.
Bibl. d. Hrn Haidinger in Wien. No. 1482.

271 *Wie die Arbeit, so der Lohn.*
A. Der Janitscharen Aga.

Hoer' Alter von mir an, dess Sultans ersten Willen
Alss dessen Grimm vnd Zorn nun nicht mehr ist zu stillen.
Dann nur durch deinen Todt, nicht laenger Gross-Vizir,
Solt werden du genannt, drumb reich als balden mir,
Des Kaeysers-Sigel her, hiemit bist du entsetzet,
All deiner Macht und Ehr; Du warest gross geschaetzet,
Allein dein Ubermuth dir Ehr und Leben raubt,
Sih' hier des Sultans Hand, zu liefern Ihm dein Haupt.

Dramat. Gedicht in 48 Zeilen. Abgedruckt in Camesina: Wiens Bedrängnis pag. LV. Original im Waffenmuseum der Stadt Wien. Dabei die Abbildung „*welcher gestalt der Tuerckische Gross-Vizir Cara Mustapha Bassa, strangulirt und neben 36 vornehmen Bassen hingerichtet worden im Februario 1684.*"

272 **Lüther.** *Die erbärmliche Belagerung | und der erfreuliche Entsatz der Kayserl. Residenz Stadt Wien | in einem Trauer-Freuden-Spiel entworfen von Joh. Matthäus Lüther | der Schul bey S. Seb. Collega. In Verlegung Leonhard Loschge. Gedruckt. | Im Jahr 1683.* (Nürnberg.) o. P. 8°. 27 SS.

„Das Römische Reich, in Gestalt einer mit Trauer-Flor umhüllten Weibs-Person, in der rechten Hand einen Zepter, auf welchem eine verblichene Sonne (!) zu sehen" tritt ein und spricht:

Wie bei der Nacht jener gehörnete Schein
mit einem geliehenen Sonnen-Gold trutzet,
wovon auch die prächtige Sternen-Rund stutzet;
ja alles am Himmel Gold-schimmernd muss seyn:

*So pralet der Türckische Mond-Schein, und zwar
nicht etwan mit Stralen, die Er hat entlehnet,
nach welchem sich manches noch hätte gesöhnet etc.*

Abgedruckt in Camesina: Wiens Bedrängnis. pag. CCXI.
Universitätsbibl. Erlangen. Kr. 1574.

273   **De Lillis.** *Tuerckische Tragoedia und Christliche Comedia oder Leben | undt Todt dess Tuerckischen Wuetterichs | vnd strangulierten Gross Veziers CARA MVSTAPHA. Dem Durchleuchtigisten Fuersten vnnd Herrn MAXIMILIANO EMANUELI | In Ober vnd Nider Bayren | auch der Obern Pfaltz Hertzogen | Pfaltzgrafen bey Rein | dess H. Roem. Reichs Ertz Trucksessen | vnd Churfuersten | Landgrafen zu Leuchtenberg | etc. etc. Meinem Allergnaedigisten Fuersten vnd Herrn | etc. Auss Schuldigist, Vnterthaenigister Devotion dediciret vnnd offeriret von Mir THOMA BERNADO DE LILLIS | Hochfürstl. Freyh. Trompetern | vnnd Teutschen Poeten. Muenchen | bey Lucas Straub 1685.* Zuerst die „Nothwendige Vor-Erjnnerung," sodann „Der vornembsten Personen Namen" — „Summa Summarum bey 34 Personen" hierauf 24 Zeilen „Dedication" unterzeichnet „Euer Churf. Durchl. Vnderthaenigist gehorsambister Thomas de Lillis".

Actus I, Scena I. Der Soldat tritt ein, und spricht mit sich selbsten:
  Mein Muffti als ein Sohn des Mann,
  Der hat mir längst gerathen,
  Wann ich behaupten wol mein Cron,
  Soll ich des Kriegs entrathen etc.

Das ganze Theaterstück hat drei Akte zu je 6—7 Szenen. Vollständig abgedruckt in Camesina: Wiens Bedrängnis. pag. LVI—LIX.

274   *Zwey schöne neue Lieder, Das Erste ist ein lustiges Gespräch zwischen Jodel vnd Hänsel, Welche erzellen: wie die Statt Wien den 14 Heu Monat 1683 belägert vnd den 12 Herbstmonat entsetzt worden. Das Andere von einem Gespräch zwischen dem Reich, Statt Strassburg vnd General Monclas vorgestellt So geschehen den 6 Weinmonat 1684.* o. O. 4 Bl. 8°. mit Titelholzschnitt.

Das Erste. Im Thon: Amoena erlaube mir in Garten zu

gehen. Theaterstück in vier Akten zu 4—5 Szenen; im Vorspiel erscheint:

Hänsel: Jodel sagt man doch dort in der Statt, ich hab dich Nächt gesehen ausen gar spaht, bis gestern voller Gurascht gewesen, man hat dir gewiss gar gute Zeitung vorgelesen.

22. Strophen. Abgedruckt in Camesina: Wiens Bedrängnis pag. CCVI. u. f.

Königl. Bibl. Berlin.

275 *Neues Ungarisches, Türkisches und französisches Labet-Spiel, Nach jetziger Zeit und Gelegenheit eingerichtet. Benebenst einem schoenen Remedio, Wie dem Turcken zu begegnen und derselbe durch Gottes Hülffe gar könne vertrieben werden. Gedruckt im Jahr 1683.* 4 Blatt 4⁰.

Gross Vezier.

Ein Reich, wenn es mit ihm selbst uneinig ist, kann nicht lange bestehen; man gebe mir also, grossmächtiger Sultan, Volk, ich muss bey so bewandten Sachen mit dem Römischen Kayser ein Labet spielen.

Ein Gespräch verschiedener Stände und Nationen; das am Schlusse angehängte „Remedium" gegen die Türken ist nicht schlecht ausgedacht:

> *Erst Gottes Beystand implorirt,*
> *Nicht in Erb-Landen reformirt,*
> *Ein Teutscher Fürst zum General,*
> *Frantzoss, wo nicht Freund, sey neutral;*
> *Dänemarck, England divertiren,*
> *Und den Erb-Feind zur See vexiren.*
> *Durch Schwedisch Volk die Macht vermehren,*
> *Auss Holland gut Gewehr begeren,*
> *Auss Böhmen Korn, aus Ungarn Hew;*
> *Saltzburg gibt Pulver, Pohlen Bley,*
> *Durch Spanien Indianisch Geld,*
> *So muss der Türcke aus dem Feld.*

Abgedruckt in Camesina: Wiens Bedrängnis pag. CCVIII.

Bibl. d. Hrn. Haidinger in Wien Nr. 1486.

276 *Einfältiges doch Wohlgegründetes Bedencken | von denen seithero Dem Türcken und Gross-Vezier zu Spott und Hohn In Druck herausgegebenen Charteqven | In einem Gespräch | zwischen*

einem Bürger | Bauer | und Soldaten | vorgestellet von Einem Deutschen In diesem 1684sten Jahr. 4°. 1 Bogen o. P. Blatt 1 b unbedruckt. Blatt 2 a *Bauer: Gott gebe glück ins Haus.* — *Burger: Gott danck euch! seyd uns willkommen! setzt euch bey uns nieder etc.* Wegen der „*Chartcqven*" heisst es: *Gott wird dadurch erzürnet, der Feind je mehr und mehr entrüstet, so kann Warlich nichts Gutes darauf erfolgen.*

Münchner Staatsbibl. Turc. 90/13. 4°

277 *De Viennae Obsidione soluta, & Turcis fugatis, Paraphrasis super Hymno Te Deum Laudamus.*

*Crudeles Othomanigenas, & Barbara Castra
Pannonios populari agros; saevumque minari etc.*

4°. ½ Bogen o. P. Das „Te Deum laudamus" ist öfters abgedruckt wie bei Nr. 39, 233 und 234.

Bibl. d. Hrn. Haidinger in Wien. — Unter meinen Kleinigkeiten.

278 *Vienna a Turcis quidem oppugnata sed illustrissimi comites Ernesti Rudigeri a Staremberg supremi militae ducis et consilio secundum Deum non expugnate.* 4 Blatt o. O u. J So fand ich das Stück angezeigt, ich halte es für keine selbständige Brochure, sondern für den Anhang des „Glaubwürdigen Diarium" Nr. 17. Das Gedicht ist unterzeichnet: Martinus Wolfart im Gymnasio quod est Ulmae Profess. P.

279 (**Dietrichstein Franc?**) *Vienna obsessa a Turcis defensa gloriosissime Commendante illustrissimo ac excellentissimo domino domino, Ernesto Rvdigero S. R. j. Comite ac Domino a Stahremberg, in Wildberg, Riedhegen, et Lobenstein etc. S. C. M. Cameriario, Consiliario aulico, Bellico, Generali mareschallo Campi, colonello, etc. aurei velleris equite etc.* 8°. 20 Seiten. Gedicht in Hexam. zur Feier einer Magister Promotion von dem Jesuiten-Collegium ausgegeben 1684.

Münchner Staatsbibl. Europ. 410. 8°.

280   **Franc Peter.** *Victoriae Caesarianae accessio Amsterd. 1686.*
4⁰. In Versen. 17 u. III SS. Gefällige Anzeige des Herrn Stadtbibl. Dr. Isler in Hamburg.
Hamburger Stadtbibl. J. D. I. 86.

281   **Rescalli Franc.** *Vienna Austriae Leopoldi I. Imp. auspiciis contra Mahometem III. Turcarum tyrannum anno 1683 defensa et liberata, tribus dramatibus proposita. Viennae s. a.* 8⁰.

282   **Schweitzer Math. Bern. à.** *Epaeneticum historico-poëticum ad heroicos Viennae a Turcarum exercitu obsessae defensores. Hispali 1684.* 8⁰.

283   **Zierenberg Dideric.** *Oratio panegyrica de Domus Austriacae gloria, seu de regina urbium Vienna — a Turcarum obsidione liberata etc. sub. finem orationis adiuncta sunt partim eius dem, affinis partim argumenti carmina. Bremae 1684.* Fo.

284   **Constantini Antonio.** *Vienna liberata, e l'Ottomana superbia abbatuta. Roma.* 1690. 11. Bd. 12".

285   **Campioni.** *Nella Liberazione della Città di Vienna dall' Armi Ottomane. Ode di Gio. Battista Campioni Accademico Affidato consecrata alla santità di N. S. Papa Innocenzo XI. In Genova, nella Stamperia d'Antonio Casamara 1683. Con Licenza de' Superiori.* 4⁰. 1½ Bogen o. P.

    „Evinto il Trace: e di sanguigno emore
    Già tien deforme, e molle
    Il Pianeta Ottoman l'argenteo crine;
    E de gli Austriaci campi entr'il confine,
    Oue superbo, e folle
    Pompa facea del minaccioso ardore,
    Or con vario tenore
    Di Lauri in vece a l'empia fronte annessi
    Ne le perdite sue porta i Cipressi."
          18 neunzeilige Strophen.

Unter meinen Kleinigkeiten.

286 **Prati.** *Vienna assediata dall' Armi Ottomane, Hora gloriosamente liberata. All' Eccelentissimo Signore il Signore D. Marc' Antonio Borghese.* Daruuter die Zuschrift an Borghese, gezeichnet 19. September 1683. *Giouanni Prati Veneto. In Roma, Per Michel' Ercole 1683. Con lic. de' Supp. Si vendano in Piazza Madama de Francesco Leone.* 4°. 8 Seiten.

„*Principe prouocati*
Voi d'Ausonia tremante alti sostegni.
De la scossa Germania vniche basi,
E Teutonici casi
Anco mirate i nermi, e profanati
Da Turco piè soffrite i Austriaci Regni?
Su d'insoliti sdegni
Infiammate i gran petti, or che tutt'ira
Ne gl'Allori Cesarei Asia cospira."

35 neunzeilige Strophen.

Unter meinen Kleinigkeiten.

287 *Dialogo per Mvsica Nella Vittoria ottenuta dall' Armi Christiane contro l' Ottomane all' Assedio di Vienna. Sotto la generosissima Protettione, e Pietà di N. S. Papa Innocenzio XI. Cantato nel Palazzo del Duca di Bracciano.* (darunter das päpstliche Wappen.) *In Bracciano, Nella Ducal Stamperia del Bernabo MDCLXXXIII. Con licenza de' Superiori.* 4°. 8 Seiten.

Primo Visir: Sotto quest' empie mura,
Doue con fasto insano
Del Germanico Impero
Il Cesare Regnante
Solo ebbidisce al Successor di Piero,
Spero con le mie schiere
Li glioriose, e forti,
Di sangue battezzato,
Tutta l'Austria innondar frà stragi, morti.

Unter meinen Kleinigkeiten.

288 **Bartoli.** *La superbia Ottomana Abbasata sotto le Mvra di Vienna All' Eminentiss. e Reverendiss. Sig. Cardinale Bonvisi Nvnzio appreso S. M. C. Opera del Sign. Domenico Bartoli.* (Holzschnitt, ein Gefecht zwischen geharn. Rittern und Türken

darstellend.) *In Roma, Par Michel' Ercole 1683. Con lic. de' Supp. Si vendono in Piazza Madame in Bottega di Francesco Leone.* 4°. Ein Bogen ohne Paginierung.

Zuschrift gez. 27. Oktober 1683.

„*Svperbo Emmetto, e qual furore insano,*
Quale il cor t'agiotò maligna rabbia,
Che tanta guerra a Cesare mouesti?
Empio! forse credesti
Che'l Ciel de' fidi suoi cura non habbia,
O non sappia ferir brando Cristiano?
Dio che per la Giustizia arma la mano,
Ei le spade auualora
Di chi sua legge adora,
E chi l'adora i temeraj abbatte:
Le tue squadre disfatte,
E del sembiante reo l'alta vergogna
Fan fede che'l mio dir non é menzogna."

22 dreizehnzeilige Strophen.

In meiner Sammlung.

289 **Spinola.** *Vienna assediata dal Tvrco. Difesa da Ernesto, Conte di Staremberg. e liberata dall' Armi di Leopoldo I. Cesare Augusto e Giovanni III. Subicski, Rè di Polonia. Ode pindarica di Gio. Andrea Spinola, Inviato Staordinario d'alla Ser^{ma} Republica di Genova alla Maestà di Carlo II. Ré delle Spagne. Dedicata all' Illustr^{mo} & Ecc^{mo} Sig^r Enrico Francesco Conte de Mansfedt etc. Ambasciator Cesareo alla suddeta Maestà.* 4°. 19 Seiten. Seite 3. die Widmung (Madrid v. 12./12. 1683).

„*Correte, ò Lauri, à coronar le Chiome*
Di Leopoldo, e di Giovanni Juvitto
E per man de la Gloria oggi descritto
Sia trà Fasti immortali il loro Nome."

50 vierzeilige Strophen.

In meiner Sammlung.

290 **Lotti.** *Ch' N' Ha' Cervel Hapa Gamb. o sia la liberatione di Vienna assediata dall' Armi Ottomane. Poemotto giocoso di Lotto Lotti. Jn lingua Popolare Bolognese Consecrato All' Illustrissimo & Eccellentissimo Signor Conte Allesandro Sanvitali Conte di Fontanellato Marchese di Belforte, Signore di Noreto*

etc. In Parma, pergli Heredi del Vigna 1685. Con Licenza de' Superiori. 8°. 121 Seit. und 12 Seit. Einleitung ohne Paginierung: mit 6 allegorischen Kupfern, ohne jede Bedeutung.

Das Werk teilt sich in 5 Cantaten, jede zu 30 bis 40 acht- zeiligen Strophen.

„*A. Cant la stizza, al fuogh, gl'arm, e la rabbia*
D'qulor ch'in t'al nostr elen' cazzar i pic,
D'qula zent qsi dstprpustà, ch'sempr sarrabia
Opr' dir mij d'qla mal' detta Tniè
Ch' hauena fatt pinsier d'grattarz la scabbia
S'ben' an' haim scador, prch' Dammdiè
Ch'è sempr in nostr' aint e in nostra dfesa
J'ammurtò la candela ch'ira impresa."

291 **Pignatelli.** *Trionfi delle arme cristiane per la liberazione di Vienna | Ragionamento di Stefano Pignatelli; in Roma per Michel Ercola 1684.* 4°. Gefällige Anzeige des Herrn General- Direktors De Lisle in Paris.

Bibliotheque National à Paris.

292 *Breve Pean, o militar panegyrico de las Glorias del señor Emperador, en la Memorable Vittoria y Sitio de Viena deste Año de 1683. Qve consacra a la avgvstissima Reyna Madre nuestra señora, y sv Hermana. Vno de svs capellanes.*

Estas, Senora, Lineas designales,
Alinmenso Blason de vuestro Hermano;
Mias, à vuestros pies llegan Reales;
Suyas, merecen vuestra Heroyca Mano;
Pero què digo? Glorias Imperiales
Lleguen à vuestro oydo soberano:
Pues este Honor bortò mis ossadias,
Que suyas logran, quanto pierden mias.

47 achtzeilige Strophen. 16 Seiten in 4°.

Am Schluss: *Con Licencia. En Madrid. Por Lucas Antonio de Bedmar. Impressor del Reyno.* Auch abgedruckt in Nr. 94, aus welcher Schrift der Name des Verfassers: „*D. Andreas Sanchez de Villa-Mayor*" zu ersehen ist.

293 *Breve Pean, o Militar Panegyrico de las Glorias del Señor Emperador, en la Memorable Vitoria, y Sitio de Viena deste*

Año de 1683. Que consagra á la augustissima Reyna Madre nuestra señora, y su Hermana, Vno de svs Capellanes. Am Ende: *Con licencia. En Madrid: Por Lucas Antonio de Bedmar. Impressor del Reyno.* 8 Blatt 4°. Veränderte Ausgabe der Nr. 292.

Bibl. Nacional in Madrid.

294 *Vor de la fama, qve decanta a la eternidad el triempho de las Agvilas alemanas en el sitio de Viena, y consagra svs acentos A. N. Muy Santo Padre Innocencio vndecimo, Romano Pontifice, y Catholico Atlante. Año de 1684. En Madrid: Por Francisco Saur, Impressor del Reyno, y Portero de Camara de su Magestad.* 22 Blatt 4°.

Bibl. Nacional in Madrid.

295 *Varios romances escritos á los sucessos de la Liga Sagrada desde el Sitio de Viena, hasta la Restauracion de Buda, y otras Plaças, conseguidas en tres años, en que se celebran doce Heroes Insignes de estos tiempos. Por el Hermano Antonio Faxardo y Arevedo, Hermitaño de la Hermita de San Antonio de Padua, de la Real Villa de Carcaxente, en el Reyno de Valencia. Salen á luz á la proteccion de la Virgen del Rosario. Con licencia, En Valencia, en la Imprenta de Jayme de Bordazar, en la Plaça de las Barcas. Año 1687. A expensas de Joseph Rodrigo, Mercador de Libros. Vendense en su casa, enfrente de la Tuente del Mercado.* 4°. 80 SS. o. P.

Bibl. Nacional in Madrid.

296 *A mayor gloria de Dios. Lyrica Relacion, de la fiesta, Qve la Ilvstrissima Hermandad, qve siempre fevorosa assiste al cvlto del Santiss^{mo} (sic.) Sacramento, en el Templo del señor San Clemente, Sagrario de la Santa Patriarchal, y Metropolitana Iglesia de Seuilla, Hizo en accion de gracias de la celebre victoria, conque fauoreció Dios nuestro Señor las Armas del Senor (sic) Emperador, governadas por el señor Rey de Polonia, y su Altera el señor Duque de Lorena, contra el poder Otomano, teniendo sitiada la Plaza de Viena, este ano (sic) de 1683. Con licencia. Impresso*

en Seuilla por Juan Francisco de Blas, su Impressor Mayor. Año de 1683. 4°. 24 Blatt o. P.
Bibl. Nacional in Madrid.

297   Metrica Panegirica Descripcion, A las catolicas, Magnanimas, y festinas demonstraciones, que la muy Noble y Denota Hermandad de el Santissimo Sacramento, sita en el Templo del Señor San Clemente, Sagrario de la Iglesia Metropolitana y Patriarcal de Seuilla Hiro En obsequio de gracias à el Todo Poderoso Dios, por la Victoria, que las Catolicas, Cesareas, y Christianas Armas del señor Emperador, Rey de Polonia, y Gran Duque de Lorena consiguieron contra la casa Otomana, sobre el Cerco de Viena, este año de 1683. Dedicadas Al Ilvstrissimo señor Doctor Don Lvis de Ayllon y Quadros, Colegial en el Mayor de Santa Maria de Jesvs, Vniuersidad de Seuilla, Cura de el Sagrario de dicha Santa Iglesia, y Obispo electo de Zenta. Con licencia. En Seuilla, por Juan Francisco de Blas, Impressor Mayor de dicha Ciudad. Año de 1684. 4°. 19 Blatt o. P.
Bibl. Nacional in Madrid.

298   Cancion Real á la sangrienta rota, que las Armas Imperiales, y Polacas dieron á los Turcos sobre Viena. Con vuas Dezimas] á la rota de Barkan; y varios Sonetos á las principales Caberas, que concurrieron á esta ilustre victoria. Am Ende: En Salamanca, Por Lucas Perer, vendese en su Imprenta, junto á la Compañia de Jesvs. 4°. 4 Blatt.
Bibl. Nacional in Madrid.

299   Panegyrico Al Rey de Polonia, Compuesto por la Admiracion. Enmendado, y añadido en esta segunda impression. Sacale á lvr Don Juan de Velasco, Despensero mayor del Rey nuestro Señor, y Secretario del Excelentissimo Señor Conde de los Arcos. 4°. 4 Blatt.
Bibl. Nacional in Madrid.

300   Comedia famosa, El Cerco de Viena, y socorro por Carlos

Quinto. De Lope de Vega Carpio. 4°. 16 Blatt o. O. u P., in zwei Columnen gedruckt.

Bibl. Nacional in Madrid.

301 *La Comedia de el Sitio de Viena, Tiesta qve se representó a los felires años de la Reyna Madre Nvestra Señora Doña Mariana de Avstria, el diavcinte y dos de Diziembre de MDCLXXXIII en el Real Salon de Palacio. Con privilegio En Madrid: Por Francisco Saur, Impressor del Reyno, y Portero de Camara de su Mayestad, año 1684. Vendese en su Imprenta en la Plaçuela de la Calle de la Par.* 4°. 61 SS. Der Autor dieses Stückes ist Don Pedro de Arce.

Bibl. Nacional in Madrid.

302 *La Comedia, Segvnda parte del Sitio de Viena, y Conqvista de Estrigonia, Fiesta qve se representó á sus Magestades. Año de 1684. Con licencia, En Madrid: Por Francisco Saur, Impressor del Reino, y Portero de Camara de su Mayestad. Vendese en su Imprenta, en la Plazuella de la Calle de la Far.* 4°. 36 SS.

Bibl. Nacional in Madrid.

303 A. *song on the Victory over the Turks.*

*Hark, de thund'ring cannons roar,
Echoing from, the German shore,
And the joyful news comes o'er:
   The Turks are all confounded!
Lorraine comes: they run, they run,
Charge your horse thro' the grand half moon,
We'll quarter give none,
   Since Starhemberg is wounded.*

6 achtzeilige Strophen.

304 *The Deliverance of Vienna, an Ode translated from the Italian of Filicaja by T. B. Macaulay.*

*The chords, the sacret chords of gold
Strike, o Muse, in measure bold,
And frame a sparkling dreath of joyous songs,
For that great god to whom revenge belongs!*

10 zwanzigzeilige Strophen.

305 Beide Gedichte sind abgedruckt in *Schmidl's: Oesterr. Blätter für Literatur und Kunst 1847. S. 108 und 110. W. von Rally*, der Einsender fügt hinzu: „Das erste (Gedicht) ist gleichzeitig; ich fand es im brittischen Museum in einem jetzt sehr seltenen, um 1700 in London erschienenen Buche, dessen Titel lautet: *Wit and Mirth.*; es ist eine Anthologie volkstümlicher Gedichte mit ihren Sangweisen, herausgegeben von *d'Urfey.* Der Dichter wird nicht genannt. Das zweite steht ohne Angabe der Quelle, in einer poetischen Sammlung: *The Seraph, or Gems of poetry, edited by F. Cecil. London o. J.*, aber offenbar in dem letzt verflossenen Dezenium (1830—40) gedruckt."

Ich habe beizusetzen, dass das Gedicht des *Vincent Filicaja*, Senators zu Florenz, in Vogel's: Spec. bibl. austr., Tom. I. 231, ohne nähere Angaben erwähnt wird.

306 **Damasceni à Matre Dei.** Das Seite 79, Nr. 139 angezeigte Werk des J. Damasceni à Matre Dei gehört, wie ich nachträglich ersehen, in diese Abteilung, da es ein Gedicht in lateinischer Sprache ist. Der vollständige Titel lautet:

Viennis memorabili Turcarum obsidione felicissimo Leopoldi I. imperio insigni Joannis III. Victoria. Principum S. R. J. Auxilijs Ducum, Procerumq. Poloniae Fortitudine, Asiae exitio gloriosa. Illustrissimo ac Excellentissimo Domino D. Joanni comiti in Koniecpole & Brody Koniecpolski Palatino syradiae, ejusdemq'. Belli Viennensis, in theatro Martis Actori meritissimo, Vectigali Musa Joann. Damasceni à Matre Dei, Scholarum Piarum Sacerdotis consecrata. Varsaviae S. R. M. in Collegio Scholarum Piarus Anno D. 1717. 4°. 415 SS. mit einer schlechten den Entsatz darstellenden Radierung.

Wiener Stadt-Bibliothek.

307 **Mignonius Ubald.** *Vienna ab obsidione Libera deiparae magnae Praesidio per Johannem III. Invictissimum Poloniarum regem barbaris profligatis.* Siehe dessen: *Noctes Sarmaticae, Varsaviae 1753.* 4°.

Varia.

a) Reden des Grafen Starhemberg.

308   Rede des Herrn Commendanten der Kaiserl. Residenz-Stadt Wien Graf Ernst Rudigers von Starhemberg an die Militz und Bürgerschaft 1683, und Rede an seine Soldaten, als die Bürgerschaft, bey dem heftigsten abgeschlagenen Sturm ferner zu fechten, fast schwierig werden wollte. 1683. Siehe: Lunig, Grosser Herren Reden. Wien 1684 VIII. pag. 1051 u. 1053.

b) Der Kopf des Grossveziers Kara Mustapha.

309   Als älteste diesbezügliche Quelle wäre zu erwähnen: **Claudius Angelo de Martelli.** *Relatio Captivo Redemti. Vienn. 1689 4°.*; die neueren Untersuchungen sind bereits aufgezählt worden, nämlich: *Hammer* (S. 30 Nr. 100, XX), *Schimmer* (S. 82 Nr. 159, 9) und *Camesina* (S. 83 Nr. 163, XLIX).

c) Die grosse Glocke bei St. Stephan.

310   Bekanntlich wurde die grosse Glocke aus dem Metalle der beim Entsatze der Stadt Wien (1683) erbeuteten türkischen Geschütze gegossen; über ihre Entstehungs-Geschichte sind ausser Bormastino, Tillmez, Ogesser und Fuhrmann zu vergleichen:

311   *Wiener Diarium* Jahrgang 1711, Nr. 862, 873, 874, Jahrgang 1712, Nr. 886.

312   **Berckenmayer,** *histor. Antiquarius. Hamburg 1712, pag. 372.*

313   **Bruckmann,** *Epistolarum itinerariarum centuriae tres. Bruns. 1756.*

314   **Camesina,** *Vertrag geschlossen wegen des Gusses der Josephinischen Glocke* (l. c. pag. CCXXI).

315   **Hütter Emil.** *Die grosse Glocke bei St. Stephan.* Siehe: Berichte und Mitteilungen des Wiener Altertums-Vereines Bd. XII.; auch erweiterter Sonderdruck. Wien 1872, gr. 4°. Der Verfasser giebt hier zugleich die Reproduktionen der im städt. Archive befindlichen Zeichnungen von Ehrenberg (Die Glocke und deren Ueberführung nach St. Stephan am 23. October 1711 darstellend).

Gleichzeitige bildliche Darstellungen.

Wenn irgend ein Elementar- oder Kriegsereignis die Aufmerksamkeit des Volkes auf sich lenkt, wird die grössere Menge desselben sicherlich zuerst nach den Bildern greifen, die solche Ereignisse darstellen und erst später deren Beschreibung beachten. Dieser ursprüngliche Sinn des Volkes für das Bild blieb sich immer gleich. Im XV. Jahrhunderte, als die Kunst Guttenbergs zum ersten Male dazu verwendet wurde, Nachricht von solchen Ereignissen zu geben, waren die ehrsamen Buchdrucker gleich bedacht, die Flugblätter oder Broschüren durch des Formschneiders Hand mit Bildern versehen zu lassen, und je grauenvoller die Konception derselben war, desto grösser war der Absatz. Die Briefmaler, Formschneider und Buchdrucker des XVI. Jahrhunderts nützten auch diese Vorliebe des Volkes im grossen Maasstabe aus, ebenso verstanden sich die Kupferstecher des XVII. und XVIII. Jahrhunderts darauf. So hatte in Wien, im letzten Viertel des vergangenen Jahrhunderts die Löschenkorn'sche „Fabrik" durch ihre Silhouetten und gräulich colorierten Gelegenheitsbilder einen Weltruf erlangt!

Ja selbst heute können wir gerade bemerken, wie oft derartige auf den Volkssinn berechnete Unternemungen immer die lucrativsten sind.

Gleich der ersten Belagerung der Stadt Wien durch die Türken brachte auch die zweite eine Unzahl bildlicher Darstellungen, und nur wenige Relationen erschienen ohne artistische (!) Beigaben: doch sind es grösstenteils idealisierte Darstellungen der Entsatzschlacht, schlechte Abbildungen von erbeuteten Gegenständen und schlechte Porträts.

Ich habe bereits bei den einzelnen Werken die Kupfertafeln aufgeführt, deshalb unterlasse ich selbe nochmals aufzuzählen; doch die wertvollen Pläne dieser Zeit und einige Curiosa mögen hier besonders erwähnt werden.

316   **Schmidt Heinrich.** *Rundansicht der Stadt Wien nach der 2. Türkenbelagerung.* Radierung in 4 Blättern, welche zusammengelegt circa 108 cm. hoch und 88 cm. breit ist.

Was die Rundansicht des Nicolaus Meldeman für die erste, ist Schmidt's Plan für die zweite Türkenbelagerung. Nicht nur, dass uns dieser Plan vollständig über die Positionen des türkischen

Belagerungsheeres unterrichtet, giebt er uns auch ein wertvolles Bild der Vorstädte, gehört also zu einer der wichtigsten Quellen für die ältere Topographie derselben.

Da Schmidt von der innern Stadt nur die Fortifikationen zeichnete, die Strassen, Häuser und Kirchen hingegen wegliess, verwendete er den Raum, um Dedikation und Titel seines Werkes anzubringen, nämlich: *Illvstriss^{mo} et excel^{mo} Domino Domino Rvtgero Ernesto Comiti a Stahremberg. Aurei velleris equiti, sac. Caes. Regiaeqre Mai. Camerario, Campi Marescallo generali, Consiliario aulico bellico, Commendanti Viennae, vnisque pedestris legiones tribvno. ec. Domino et Patrono suo gratioss^{mo}.*

VIENNAM AVSTRIAE cum sua vicinia nuper à Turcis oppugnatam, quidem non uero expugnatam quia auxilio actissimi munitam, ad uiuum delineauit acriq' incidit, ac in deuoti animi signum demississime dedicauit. Humills Servus Henris Schmidts Geldriensis Belga. Die Aufname ist sehr getreu, Zeichnung und Radierung sind künstlerisch zu nennen.

317   Eine gelungene Reproduktion derselben durch den Regierungsrath A. von C a m e s i n a veröffentlichte der Altertums-Verein in Wien im Jahre 1864.

318   **Camuccio und Anguissola.** *Vienna a Turcis obsessa & Deo Dante a Christianis eliberata. Cum Priuilegio Cesareo. Sumptibus Authoris Domenico Rossetti sculp.* Kupferstich H. 41 B. 43 cm.

Der Plan zeigt die Festungswerke von Wien, sowie deren nächste Umgebung mit den türkischen Lagern. Die bemerkenswerten Stellen sind mit Ziffern bezeichnet, zu deren Verständnis am Rande die „Auslegung der Ziffern" beigesetzt ist. Hier steht auch der genauere Titel: *Eigentliche Delineation und Abzeichnung der Belagerung der Kayserl. Residentz Stadt Wien in Oesterreich, wie dieselbe den 14. Julij 1683 von denen Türcken, Tartarn, Rebellischen Ungarn, Wallachen, Moldauern und Siebenbürgern unter Commando des Türckischen Gross-Veziers oder Feld Herrn Kara Mustapha Bassa genannt, angefangen, und den 12. Septembris desselben Jahrs durch Gottes Seegen und der allijrten Christen Entsetzung auffgehebt worden. — Bartholemeo Camuccio et Leandro Anguissola, Authoribus.*

Dieser Kupferstich ist den gleichzeitigen, verschiedenen Ausgaben des **Vaelkeren** beigebunden; später wurde er öfters reproduciert, am gelungensten aber von Camesina (Wiens Bedrängnis pag. CLV). Als selbstständiges Werk wurde er bereits unter Nr. 83 aufgeführt.

319 **Anguissola Leander.** *Vienna da Turchi assediata e da Christani liberata.* Radierung H. 24, B. 34 cm. In der rechten unteren Ecke steht auf einem fliegenden Bande der obige Titel, darunter: Leander Anguissola fecit. Dom. Rossetti sculp.

Das Blatt zeigt die Entsatzschlacht, die Türken fliehen vor den aus dem Gebirge hervorbrechenden Hilfsvölkern. Das Original findet sich in der Relation Nr. 88, eine Reproduktion bei Camesina l. c. pag 132.

320 **Anguissola Leander.** *Castramentatio Turcarum Exercitus ante Viennam anno Christi 1683.* Kupferstich H. 28, B. 29 cm. Dom. Rossetti sculp.

Die Stadt Wien, umgeben vom türkischen Lager. Die wichtigsten Punkte sind mit Buchstaben bezeichnet; unter dem Stiche „Explicatio Litterarum". Der Originalstich in den Werken Nr. 4 und 79. Doch ist zu bemerken, dass der Plan in zwei Ausgaben existiert, deren bessere A. von Camesina l. c. (Tafel I) reproducierte.

321 *Plan von Wien, aufgenommen im türkischen Lager.* Nach dem Originale in Oedenburg gezeichnet von Albert Ritter von Camesina. (Wiens Bedrängnis pag. 99, Tafel II.)

Werke des Daniel Suttinger. Der churfürstlich sächsische Artillerie-Hauptmann und Ingenieur Daniel Suttinger fertigte mehrere interessante Pläne und Ansichten, so für sein bereits Seite 89, Nr. 197 aufgeführtes Werk „Entsatz der Stadt Wien".

322 *WIEN von Türcken belagert den 4/14 Julii von Christen entsetzt den 2/12 Sept. Anno 1683.* Ein Blatt in quer Folio, in der Mitte desselben zeigt sich die Stadt Wien, um dieselbe das türkische Belagerungsheer. Links steht in einer Cartouche der grössere Titel:

Grund-Riss vnd Situation der Kayserl. Haupt vnd Residentz-Statt Wien in Oesterreich wie selbige von Türcken belagert und Attaquiret, vnd durch die Glücklich und Sieghaffte Waffe der Christen Entsetzet worden. Unterhalb des Grund-Risses befindet sich eine Darstellung der „*Forme de battaille. Anno 1683 im September*". Unterzeichnet ist das ganze Blatt: *In Grund und Feder-Riss verfertigt, durch Daniel Suttinger Chur Sächsischen Feld Artillerie Ober Haupt Mann und Ingenieur. — Mauritius Bodenehr fec. Dresden Ao. 1688*. Noch sei bemerkt, dass auf der Rückseite dieses Blattes eine Ansicht von Constantinopel gedruckt wurde.

Das Buch „Eigentliche Beschreibung etc." (S. 47, Nr. 16) enthält zwei Kupferstiche von Suttinger, nämlich:

323 *Türkische Belagerung der Kayserlichen Haupt- und Residentz Statt Wien in Oesterreich*. 1683. Ein Detailplan der türkischen Belagerungsarbeiten gegen die Loewel- und Burgbastei zu (H. 35·5 B : 52 cm.) und

324 *Zwei Langansichten der Stadt Wien*, aufgenommen von der Donau- und Burgseite. Diese und der Plan wurden vom Regierungsrath Camesina (l. c.) reproducirt.

Suttinger wird den Detailplan und die Ansichten selbstständig herausgegeben haben, da auf ersterem Ziffern erscheinen, zu welchen die „kurz lesenswürdige Erinnerung" keine Erklärung bietet. Leicht möglich ist es auch, dass Suttinger die Platten zum Drucke vorbereitete, aber nicht dazu gelangte, und dass Rosina Lischowitz, die Verlegerin der „Kurtzen Erinnerung", die Platten von der bedrängten Witwe Suttinger's erstand; denn obwol wir in den Kammeramts-Rechnungen (Camesina l. c. XXXIV und III) finden: „den 10. February zalte ich Herrn Daniel Suttinger, Haubtmann und Kays. Ingenieur vmb willen sich derselbe in wehrender belagerung in etwas gebrauchen lassen, die desswegen Ihme zur Recompens angeschafften Achtzehn Gulden" und weiter „den 10. April bringe ich hiemit pr. Ausgab ein, die von Einem Löbl. Statt Raht dem Herrn Daniel Suttinger Kays. wurkhlichen Ingenieur wegen eines in duplo forma über die allhiesige Kays. Residenz Statt Wienn verehrten prospecto, den desswegen zu dankhbarkeit angeschafften 10fachen Duggaten, welche ihme wurklich überantwortet worden 37 fl. 4 β" scheint die pecuniäre Lage Suttinger's keine zufriedenstellende gewesen zu sein.

Suttinger fertigte im Jahre 1684 auch einen Plan von

Wien an, der als wertvolle Quelle der gleichzeitigen Topographie hier aufgeführt werden möge, nämlich:

325 *Wien in Oesterreich Auff Ihro Kayserliche Mayest. Allergnädigsten Befelung In Grundt gelegt vnd in gegenwertigen Riss verfertigt Durch Daniel Suttinger Kaysl. Haubtmann und Ingenieur. Gebürtig von Penigk in Sachsen. Anno 1684 den 11. December.*

Das Original H. 98 cm. B. 108 cm. besitzt das Cistercienserstift Heiligenkreuz in Niederösterreich. Eine Kopie desselben befindet sich in meiner Sammlung und in jener des Regierungsrathes Ritter v. Camesina, welcher diesen Plan verkleinert reproducierte und zu seiner Darstellung der „räumlichen Entwicklung der Stadt Wien" als Unterlage benützte. Das Segment „Burg" wurde bereits von Camesina (l. c. Tafel V.) reproduciert: dieser emsige Forscher bereitet übrigens auch eine Ausgabe in der Grösse des Originales vor, die durch den Wiener Altertums-Verein veranstaltet werden soll.

Weniger bekannt ist, dass Suttinger, wol in der Grösse seines Planes, ein Modell der Stadt Wien anfertigte, das Kaiser Leopold I. 1687 ankaufte und Anguissola bei Anfertigung seines 1706 edierten Planes von Wien benützte.

Auch die Wiener Türkenbelagerung stellte er plastisch dar, die Bestätigung hierfür finden wir wieder in den Kammeramtsrechnungen von 1690 (Camesina l. c. CLXVI). „Den 20 December zalte ich (Kammerer) Frau Catharina Suttingerin Wittib wegen einem Loblichen Statt Rath zu uerkauffen angebotten vnd vorgewiesenen Grundriess der Stadt Wien, wie auch *in Holtz formierten Turkhischen Belagerung Wiens* sambt beeder Vestungen Phillipsburg und Mainz, so abei Gemainer Loblicher Statt-Rath zu erkauffen nicht anständig gewest, die ihr dargegen zur Dankhbarkeit angeschafften Neun Gulden."

Ueber Suttinger's Thätigkeit als Militärschriftsteller kann hier nicht gesprochen werden.

326 *Grundriss Der Kayserlichen Residentz Stadt WIEN, Mit der Türckischen Belägerung. Samt dem Grösseren theil von Unter Oesterreich und Der Türcken und Tartaren Verübten Verheerungen 1683. Zu finden bey Johann Hoffmann, Kunsthändler in Nürnberg.* Kupferstich H. 40 B. 61 cm. Das Blatt zeigt in Form einer Vogelschauansicht das Land Nieder-Oesterreich. In der Mitte Wien, ringsumher die Ortschaften, doch in oft vollkommen

unwahrer Lage. Ich behalte mir vor das, dem Herrn Regierungsrathe v. Camesina eigentümliche, Blatt gelegentlich ausführlicher zu beschreiben.

327 **Hoffmann Jacob.** *Eigentlich Entwurff der kaiserl. Haupt- und Residenzstadt Wien in Oesterreich, wie selbige von den Türken den 14 Julii anno 1683 belägert durch schickung Gottes den 12 September 1683 entsetzet, der Feindt aber mit grossen Schaden vnd Verlust seines ganzen Lagers abgetrieben. — Leopold dem ersten Römischen Kaiser, auch zu Hungern und Böhaim König Erzherzog zu Oesterreich in tiefster Unterthänigkeit überreicht.* Kupferstich H. 99 B. 75 cm. (S. Feigius, wunderbarer Adlersschwung II. S. 119.)

328 **Hallart.** *Grundris der Stat Wienn wie selbe ist belagert worden von den Trrken im iahr 1683 nebst der Christlichen Arme wie selbe zv vier mahlen in Ordnung gestanden wie avch der marsch dvrch den Wiener Walt.* Imperial quer Folio. Der Plan zeigt die Stadt Wien und die ganze Bewegung des Entsatzheeres. Das Original befindet sich im k. k. Kriegsarchive zu Wien. Verkleinert reproduciert von Camesina. (Wiens Bedrängnis.) Der Plan ist unterzeichnet: *Delineavit e fait L. N. D. Hallart.*

Hoogh Romain de. Auf Seite 46 führte ich unter Nr 11 eine französische Uebersetzung der Relation von Ghelen auf. Ich hatte sie in der Münchner Hof- und Staatsbibliothek verzeichnet gefunden, konnte sie aber während meines Aufenthaltes daselbst nicht zu Gesicht bekommen. Somit gab ich Titel und Anmerkung nach dem Zettelkataloge. Vor kurzem gelangte die Wiener Stadtbibliothek in den Besitz eines Exemplares und ich habe zu berichten, dass die Stiche nicht von Vischer, sondern die geschätzten Radierungen des Romain de Hoogh sind. Der vollständige Titel lautet:

329 *Relation succinte et veritable de tout ce qui s'est passé pendant le siege de Vienne, residence de sa Majesté imperiale, assiegée par les Turcs depuis le 14. Juillet jusqu'au 12 de Septembre 1683. Avec la relation de la victoire signalée remportée par les Armes Chrétiennes sur les forces Ottomannes au Secours de la méme Ville, faite par G. V. Geelen & traduit en*

françois par N. J. D. N. Se vend à Bruxelles chez Jean Leonard 1684. 4°. 89 SS. u. 5 S. o. P.

Zuerst die Zuschrift an *Madame la Princeese Olympia Mancini*, sodann eine Anrede *au lecteur*, von S. 1—82 die Relation, endlich die gewöhnlichen Verzeichnisse.

Radierungen:

Titelblatt: Allegorisches Bild, auf einem Postamente die Innschrift: IOVI PROPITIO MARTI BIS ULTORI MDCLXXXIII. LEOPLDI. I. D. G. GERM. IMP. DIV. AVG. FEL. NEC NON IOANNIS. III. D. G. POLON. REG. INVICTISS. ACTA PROPE OBSESSAM A TURC:TART: REB. ETC. VIENNAM AUSTRIÆ VERE HEROICA. elegantissime expressa per Romanum de Hooghe Amst. et cum Privil: Ordin: General: Belgii Foederati edita per Nicolaum Vischer Amstel.

1. Hommage des Hungrois et Tirannie des Rebelles Turcqs et Tartares. Blatt in quer 4°. Die Unterschrift ist auf diesem und den nachfolgenden Stichen holländisch und französisch.

2. Approches Batteries et preparatifs de guerre des Turcqs etc. devant Vienne.

3. Prise de Tabor, Leopoldstat, et du pont sur la passage du Donau ruinees par les Turcqs.

4. Ardeur des Assieges tant Ecclesiastiq. que d'autres pour ruiner et bruster les Logements et travaux des Turcqs.

5. Mines et assauts des Turcqs. Contremines et Sorties des Assieges.

6. Mine des Turcqs soubs la Cour Imperiale, decouverte et defaicte.

7. Ouverture du Grand Bois de Vienne et defaite des Turcqs.

8. Bataille des Imperiaux contre les Turcqs pour lever le Siege de Vienne.

9. Prise du grand Esteudart et defaict & entiere des Turcqs.

10. Entree Triumphante de la M. Imp. dans la Tente du Grand Vizir.

11. Entsatzschlacht aus der Vogelschau, eine meisterhafte Radierung. H. 46. B. 58 cm. Im Hintergrunde ist die Stadt Wien nach der Houfnagl'schen Aufname; vorne die Leopoldstadt und die kämpfenden Heere; Unterschrift: Amsterdam apud Nicolaum Vischer cum Privileg. Ord. Gen. Dieses Blatt ist höchst selten und fehlt meistens in der Uebersetzung der Relation des Ghelen. Die wichtigsten Punkte sind mit Buchstaben und Nummern bezeichnet; als Erklärung derselben enthält das letzte Blatt der Relation: Explication de la Planche suivante, representant l'exacte delineation du Siege de Vienne, assiegée par les Turcs le 14 Juillet, secourné le 12 de Septembre 1683.

Diese Darstellung der Entsatzschlacht existiert auch in selbstständiger Ausgabe auf einem Imperial-Folio-Blatt. Die Erklärung der Ziffern steht unter der Radierung, mit dem Titel:

Verklaring de Cijffergetalten en Letters soo binnen als buyten de STADT WEENEN, Strenglijk belegert door den Primo Vizir mit 200.000 Türken, Tartares, Cosakken en Malkontenten Hungarn den 12. July 1683. Kloekmoedig gedenfeert door Sijn Exellentie den dappersten Heer Ernst Rudiger Graaf van Starenberg als Gouverneur, Manhaftig ont set doorden Onvervinnelijken Jannes III. Koning van Polen, den Kenvorsten van Beyern en Saxen, den Hertzog von Lotharingen en andere Hooge Officieren van de Generali tegt des Duytschen Keyserryks. — t'Amsteldam, bey Nicolaus Vischer, met Privilegie van der H. H. Staten General. 1683.

331 Die Radierungen von Romain de Hoogh wurden auch nachgestochen. In der Wiener Stadtbibliothek fand ich nämlich ein Buch in quer 4°., das ohne Titelangabe (das Titelblatt mag vielleicht in Verlust gerathen sein) diese 10 ersten Bilder von Romain de Hoogh mit denselben Unterschriften nachgestochen von **Jacob Peeters** in Antwerpen, ausserdem 12 Reiterfiguren. 10 Blatt Text und 104 Ansichten von Ortschaften aus Ungarn, Siebenbürgen, Türkei, Aegypten etc. enthält.

Das erste Bild zeigt einen Altar, auf der Mensa stehen die Brustbilder von Kaiser Leopold und seiner Gemalin, über welchen zwei Engel eine Krone halten. Unterschrift: Sacr. Caes. Ma. Leopoldo, has Turcis ereptas, et Fauente Deo eripiendas Hongariae Ciuitates, aliasq. Turcicas D. D. C. Q. Jacobus Peeters.

Die nun folgenden sehr schön gezeichneten und gestochenen Reiterfiguren stellen dar:
1. Leopoldus de Eerste door G. G. Roomsch Keyser Gekooren.
2. Mahomet de IIII Teegenwoordige Kayser der Turkse Ryken en Laudon.
3. Johannes III. D. G. Polonarum Rex Victoriosissimus et Christianitatis Defensor.
4. Mustapha den Tegenwoordige Primo Visir.
5. Carel de 2. door G. G. Koning von Spagien en Beyde d'Indien etc.
6. Maximilianius Emanuel D. G. S. R. Imperii Elector. utriusq. Bavariae Dux et Princeps etc.
7. Carolus V. D. G. Lotharingae et Barri etc. Dux.
8. Julius Franciscus D. G. Saxon. Aug. et Westphaliae Dux.
9. Frederic Wilh. by der G. G. Keurvorst en Aartskamer Heer des H. R. R. Markgrafen van Brandenburg etc.
10. Graaf Emerich Tekkely Oppergoofd der Hungarische Malcontententen en Protestanten.
11. Ernest Rudiger Grave van Starrenberg Keyserlych. Velt Marschalk en Gouverneur der Stadt Ween etc.

Ausserdem enthält das Buch einen kleinen unbedeutenden Stich: Belegerunge en Onset der Stadt Weenen.

332 *Grundrichtiger Entwurff, des Stands und Verlauffs | bey Entsetzung Der Kayserlichen Residenz-Stadt Wien | als selbige*

dem 2/12. September 1683. von den Mord- und Raub Klauen des grausamen Erb-Feindes wider erlediyt und befreyet worden; Aus glaubwürdiger Erzchlung und Verzeichnuss, von hoher Hand also der Situation nach | in Grund gelegt | und dem Curiösen Liebhaber zur ausführlichen Bemerkung | und mehreren Belustigung eines so herrlichen Siegs, in Alphabetischer Ordnung und Anzeige der vornehmsten Haupt Stände | ganz neu nach dem Wienerischen Original herausgegeben und vor Augen gestellet, von Leonhard Loschge | Buchhändler in Nürnberg.

Kupferstich in Folio. In einer Cartouche das Bildnis des Kolschitzky, die Standarte und eine Denkmünze.

333 **Lerch Joh. M.** Wahre Abbildung Der Jenigen, so den Mondschein Künstlicher Weiss von St. Stephans Thurn zu Wien herabgenohmen vnd dass Neu gemachte Spanische Creutz hinaufgesetzet haben. So geschehen im Jahr da die Königl. Haupt vnd Residenz Statt Ofen von Ihr Röm. Kays. Mc. Leop. pri. mit Sturm orobert war. Anno 1686 am 23. September. An heut als den 14. September ist diess Creutz mit grosser Solenitet hinauff gesetzet worden. Querfolioblatt mit den Porträts der drei Resytko's und dem St Stephansturm während der Besteigung desselben. (Diese letztere Zeichnung reproduciert in Camesina: Türkenbelagerung pag. XXXVIII.) Das Blatt ist beigebunden Boethius: Kriegshelm (Nr. 74).

Ueber die Veränderungen, die mit dem Schmucke der Turmesspitze zeitweilig vor sich gegangen sind, vergleiche Camesina l. c. XXXV—XLI. An älteren Berichten sind besonders aufzuführen: Die in Hormayr's Taschenbuch 1836 S. 102 abgedruckte Urkunde, Testarella im Krakauer Kalender 1726, Berckenmeyer's histor. Antiquarius Hamburg 1712 S. 370, Bormastino's Beschreibung von Wien 1719 S. 30, endlich die Werke über den St. Stephansdom von Tillmez, Ogesser und Tschischka.

334 **Spielkarten.** Als Curiosum erwähne ich hier ein in der Wiener Stadtbibliothek befindliches Exemplar gestochener Spielkarten, die sich auf die Wiener Türkenbelagerung beziehen und auch wegen ihrer künstlerischen Ausführung einigermassen beachtenswert erscheinen. Es ist ein sogenanntes deutsches Spiel, bestehend aus vier Suiten: Herz, Grün, Traube und Schelle: jede Suite zu neun Blätter: König, Ober, Unter, As, 6, 7, 8, 9 und 10 mithin zusammen 36 Blätter.

Die Zeichnung eines jeden Blattes stellt entweder irgend eine Persönlichkeit oder einen Gegenstand vor, ober denselben ist die Bezeichnung des Werthes der Karte angegeben. Ich hebe hervor:
Grün Sieben — Statt Wien.
Herz König — Römischer Kayser.
„ Sieben — Graff von Staremberg.
„ Neun — Herzog von Lothringen.
„ Unter — Churfürst von Bayern.
Grün Unter — Churfürst von Sachsen.
Trauben (Treff) Unter — Churfürst von Brandenburg.
Herz Ober — König von Polen.
„ As — Türkischer Kayser.
Trauben Sieben — Gross-Vezier.

Mehreres hierüber in meinem eben im Druck befindlichen Aufsatze: *Ein Kartenspiel als historisches Denkmal.* (Mitteilungen der k. k. Central-Commission z. E. d. histor. und Kunstdenkmale 1876.)

336 Ueber einige Oelgemälde, welche den Entsatz darstellen, siehe: Nr. 165 und den Katalog der Wiener historischen Ausstellung 1873, Seite 79, Nr. 535; auch füge ich der Vollständigkeit wegen bei, dass Herr Conservator *A. Widter* in Wien ein sehr interessantes Oelgemälde besitzt, welches in der Zeichnung vollkommen mit dem oben angeführten Stiche von *J. Hoffmann* übereinstimmt und vielfach für das Original desselben angesehen wird.

Nachträge und Verbesserungen.
1529.

Seite 1 Zeile 3 v. o. ist statt „darunter das ungarische und böhmische Wappen" zu setzen: *Darunter das vollständige Wappen Ferdinand I.*

Seite 6, Nr. 12 zu: *Meldeman.*
Dem im Auffinden alter Kunstdenkmale so glücklichen Regierungsrathe v. Camesina gelang es, nun auch in der Wiener Hofbibliothek ein Blatt aus der verloren gegangenen Suite „Verteidiger der Stadt Wien" von N. Meldeman aufzufinden.

Das Blatt hat eine Höhe von 32, eine Breite von 23 cm, zeigt in trefflicher Zeichnung und Schnitt einen nach rechts reitenden, reichgekleideten Mann, neben welchem zwei Soldaten schreiten, und trägt am Fusse das Monogramm **NM**.

Am Rande oben stehen folgende Verse des Hans Sachs:

Ein Behemischer Hauptman.

Peter Perschyna ein Hauptman
Bestelt von Behemischer Kron
Vber zwey fenleyn Behemisch knecht
Mit den jch Wienn beschützet recht
Vom Rotenthurm bis zum Saltzthor
Da wir ein Polwerek schlugen vor
Von erdtrich grossen baumen starck
Zu gegenweer dem Türgken argk.

Niclas Meldeman briefmaler zu Nürnberg bei der langen prueken.

Seite 7 zwischen Nr. 15 und 16 ist einzuschalten: Ueber Guldenmundt's Ansicht ist noch weiter zu vergleichen:

136   **Lind Dr. Carl.** *Vortrag über ein an die Vereinsmitglieder übergebenes Gedenkblatt.* Siehe: Berichte und Mitteilungen des Wiener Altertums-Vereines. Band XI, pag. VIII ff.

Seite 24 nach Nr. 76.
Während der Drucklegung dieser Bibliographie erschien:

137   **Reuterer V.** *Die flüchtigen Rathsherrn und Bürger von Wien anno 1529.* Siehe: Blätter des Vereines für Landeskunde von Nied.-Oesterreich. Jahrgang 1875, Seite 303 ff.

Seite 32 zu *Hans Sachs* nach Nr. 112 und 113 ist einzuschalten:

138   Auch Abgedruckt in **A. von Keller**: *Hans Sachs. Tübingen 1870.* (Band 103 der Bibliothek des litterarischen Vereines zu Stuttgart). S. 404 und 405.

Seite 37 zu Nr. 131: *Nusser*.

Herrn Regierungsrath v. Camesina verdanke ich die Mitteilung, dass Nusser sein Werk dem Stadtrathe von Wien gewidmet. Die Einleitung beginnt:

Magnificis nobilibus et prudentissimis viris consuli, praetori, amplissimoque senatvi inclytae ciuitatis Viennae, dominis suis colendis. Baldasar Nusserus Ratisbonensis S. D. P.; hierauf acht Seiten Dedication; am Ende: Ratisbonae ex Schola civili XXIII. Decembris anno domini MDLXVIII. Das Buch ist in 4^0 o. P., nach der Dedication folgen die Custoden: A — Giiij. In der Kammeramtsrechnung vom Jahre 1569 Fol. 63 b heisst es: 18. Marty. Burgermaister und Rath zu Wien geben Balthauser Nusser Cantor zue Regenspurkch in der Burgerschuell von wegen ainer vberschikhten in Rothsammas Eingebuntnes getruckhtes Buechlein von der belagerung der Stat Wienn Carmine ihm verehrt drey Taller.

1683.

Seite 62 zu Nr. 75.

337 **Im Hof.** Eine deutsche Ausgabe führt den Titel: *Relatio historico politica aller von dem Erzhaus Oesterreich mit dem Türken geführter glücklicher und unglücklicher Kriege bis auf die letzte Aktion des Entsatzes der Stadt Wien und Eroberung der Vestung Gran. Sulzbach 1684.* 4^0 mit Kupfern.

Seite 88 nach *Hayne* ist einzuschalten:

338 **Bechtlin Christoph.** *Lobpredig wegen zweyfacher Victorie zu Wienn und Barkan. Regenspurg 1683.* 4^0.

Seite 64 Nr. 88. *Ragguaglio distinto etc.* Der Autor dieser Relation ist **Franciscus de Rosetti.**

Seite 65 zwischen Nr. 88 und 89 ist einzuschalten:

339 *Ragguaglio della guerra trà l'armi Cesaree et Ottomane da principio della ribellione degli Hungari sino l'anno corrente 1684,*

e principalmente dell'assedio di Vienna e sua liberatione, con la
vittoria di Barcan, aggiontovi in quest' ultima impressione la
presa di Strigonia, molt' altre curiosita, in Venetia 1684. 4°.

Zur Seite 118. *Kopf des Kara Mustapha.*

340 Während der Drucklegung dieses Buches fand ich im *Krakauer-
Kalender* auf das Jahr 1699, also einer gleichzeitigen Quelle, einen
Bericht, welcher die von Camesina aufgestellte Behauptung vollständig
beglaubigt, und die Stichlosigkeit von Hammer's Bericht über die
Strangulierung des Grossveziers darlegt. Ich lasse denselben wört-
lich folgen.

Eines ist auch denckwürdig, dass nehmlichen in dem Burgerlichen
Zeug-Hauss, neben andern in grosser Menge sich befindenden, so wohl vor
Alters, als zu diser Zeit erfolgten Armaturen Stück, und Geschuetz auch aller
zu einem Zeug-Hauss gehoerigen Nothdurfften, sich befinde der Kopff und
Strang dess Kara Mustapha Türckischen Gross-Veziers, welcher Anno 1683
die Stadt belägert, ihme auch vorgenohmen, bey deroselben Eroberung alle
Innwohner zu enthaupten und zu entseelen. Forderist aber Ihro Eminentz
Herrn Herrn Cardinalis Leopoldi von Kollonitz Kopff nacher Constantinopel
zu schicken, welche Meinung aber der Allerguetigste GOtt umbgekehret, und
er selber in jene Gruben, welche er denen armen belagerten Christen gegra-
ben, gefallen. Wie die hierunter gezeichnete Vers aussweisen. Diser Kopff ist
also anhero kommen, als die Glorreiche Kays. Waffen die Stadt und Vestung
Griechisch-Weissenburg erobert, haben nächtlicher Weil die
Soldaten das Grab obgedachten Veziers, umb einige Beuth zu
machen, eroeffnet, den Kopf sambt dem Strang anhero Ihro
Eminentz Herrn, Cardinali Leopoldo von Kollonitz übersendet,
welcher zu einen Andencken, disen Kopff und Strang in ein Kaestel einfassen
lassen, und in das Bürgerliche Zeug-Hauss verehret, auff welchen dise Reime
zu lesen.

Das Sprichwort bleibt noch jedes Mahl,
   Hoffart komt endlich vor dem Fall,
Fuerwahr das zeigt der Augenschein,
   Was man verlangt, und ist nicht sein,
Auff den Gewinn muss man lang harren,
   Diss hat der Gross-Vezier erfahren.
Er wolt auss Hoffart Wienn bezwingen,
   Sein Vorhaben thät ihm misslingen,
Mit Spott und Schand muesst er abziehen,
   Zum Trink-Geld disen Strang thaet krigen,
Zu Belgrad wurd ihm solcher Lohn,
   Von seinem Kaiser z'Gnad gethan,

Der Teuffel mag Gross-Verzier seyn,
Wann solche Gnaden lauffen ein,
Zu Belgrad wurd er begraben.
Als wir solch' erobert haben,
Wurd er ausgraben auss der Erd',
Der Kopf Ihr Eminenz verehrt,
So ihn mit diesem Logament,
Ins Burger Zeug-Hauss hat geschenckt,
Sehr blutgierig war diser Mann,
Kara Mustapha war sein Nahm,
Sein Bitt hat Mahomet erhört,
Und ihn in Wienn zu seyn bescheert,
Bleibt wahr, wer andern Gruben grabt,
Fallt selbst darein, hier's Zeichen habt.

Zu Seite 126 nach 332 ist hinzuzufügen:

341 **Ehrenberg Wilhelm Schupert von.** *Der Entsatz von Wien.* Kupferstich in Folio. Das Blatt findet sich in dem Werke: Regia virtutum corona serenissimo Josepho Regi Romanorum coronato ab Universitate Viennensi Oblata. (Viennae 1690 Fol), welches aber sonst nichts über die Belagerung enthält.

III.

ANHANG.

Beschreibung der auf die beiden Türkenbelagerungen Wiens geschlagenen Medaillen.

Ich beabsichtigte nicht, ein Verzeichnis der Medaillen, welche auf die beiden Wiener Türkenbelagerungen geschlagen wurden, hier beizugeben; vielmehr entstand dieser Anhang erst auf Verlangen gelehrter Persönlichkeiten. Bezüglich der Medaillen vom Jahre 1683 hielt ich mich an die Zusammenstellung des Regierungsrathes v. *Cámesina* im VIII. Bande der Altertumsschriften. Herr *Dr. Ernst Edler von Hartmann-Franzenshuld*, Custos am k. k. Münz- und Antiken-Cabinet in Wien, hatte die besondere Freundlichkeit, dieses Medaillen-Verzeichnis durchzusehen und durch Zusätze zu vermehren.

1529.

1 Kleine Klippe. Avers: der österreichische Bindenschild mit dem Herzogshute bedeckt.
Revers: die Legende: *T | VRCK | BLEGERT | WIEN 1529.* (Fig. 1 u. 2.)

2 Silberklippe. Avers: Das nach links gewendete Brustbild Ferdinand I. neben welchem die Jahreszahl 15—29, unterhalb die Worte: *TVRK.BLE | GERT. WI | EN:* (Fig. 3.)
Revers: Die Wappen von Oesterreich, Steiermark, Castilien und Ungarn, in die vier Winkel eines Andreaskreuzes gestellt. (Fig. 4.)

3 Silberklippe. Avers: Die Inschrift: *TVRCK | BLEGERT WIENN | 1529.* (Fig. 5.)
Revers: wie bei Nr. 2, nur in einfacherer Zeichnung. (Fig. 6.)

4 Silberklippe. Avers und Revers: mit der vorstehenden gleich, nur sind zu Seiten der Legende Blätter angebracht. (Fig. 7 u. 8.)

5 Grosse Klippe. Avers: Das nach rechts blickende Brustbild Ferdinands I. umgeben von den Wappen Oesterreichs, Ungarns Steiermarks und Böhmens. (Fig. 9.)
Revers: Die Legende: *TVR | CK. BLEG | ERT.*

WIENN | DEN. XXIII. TAG | SEPTEMBER | ANNO. D | 1529. (Fig. 10.)

6 Grosse Klippe. Avers: Das vollständige Wappen Ferdinands umgeben von jenen Oesterreichs, Steiermarks und Burgunds. (Fig. 11.)
Revers: Dieselbe Inschrift wie auf der vorstehenden Klippe.

7 Avers: wie bei Nr. 6. Revers: *TV | RCK. BL | EGERT. WI | ENN. AN. DEM | 23. SEPTEM | BER. AN | 1529.* (Fig. 12.)

8 Grosse Klippe, deren Rand von einer Perlenlinie eingefasst ist, die Zeichnung wie bei Nr. 6. (Fig. 13 u. 14.)

9 Runde Medaille. Avers: Ferdinand nach links gewendet, im Harnisch und gekrönt, hält in der Rechten das Scepter, mit der Linken den Schwertgriff. Umschrift: † *FERDINAN. D. G. BOEM. HVNG. DAL. CROA. REX. INFA.* (Fig. 15.)
Revers: Das Wappen Ferdinands und die Jahreszahl 15—29 mit der Umschrift: *HISP. ARCHID. AVS. DVX. BVR. SIE. MAR. MO.* (Fig. 16.)

10 Runde Medaille. Avers: Ferdinands gekröntes Brustbild nach rechts gewendet, hält in der Linken das Scepter, mit der Rechten den Schwertgriff (offenbar verkehrt am Stempel gezeichnet); an den Seiten begleitet von der Jahreszahl M·D·XX—VIIII. Umschrift: † *FERDINAND. D. G. BOEM. HVNG. DAL. GROACIE. EC. REX. IN.* (Fig. 17.)
Revers: Das vollständige Wappen Ferdinands. Umschrift: † *HISPA. ARCHID. AVST. DVX. BVRG. SIESI. MARCHIO. MOR.* (Fig. 18.)

11 Grosse Medaille eigentl. ungarischer Thaler. Avers: Ferdinand nach links gewendet, mit dem Hut bedeckt. In zwei Zeilen die Legende: *FERDINANDVS. DEI. GRACIA HVNGARIÆ BOEMIÆ. ETC. REX * | ANNO. DOMINI. M D. XXIX. ETATIS. SVÆ. XXV. * (Fig. 19.)
Revers: Fünf gekrönte Wappenschilder in folgender Anordnung, im Centrum Oesterreich-Spanien, von einem kleinen Doppelkreise eingeschlossen; herum, wie ins Schrägkreuz gestellt Ungarn, Böhmen, Dalmatien und Croatien, jeder Schild von dem

nächsten durch ein Blätterornament geschieden, welches wie ein Blumenkreuz in der Münzfläche erscheint. In zwei Zeilen die Umschrift: *DA : MICHI : VIRTVTEM : CONTRA : HOSTES TVOS : DOMINE * QVIA TV ADIVTOR MEVS : ES :*.—

1683.

12   Avers: Büste Kaisers Leopold I. von links, römisch gekleidet, auf einem Postamente stehend, in dessen Mittelfelde die Buchstaben A. E. I. O. U. und am untersten Absatz I. I. W. angebracht, an den Seiten Trophäen von türkischen Waffen, darunter die Jahreszahl 16—83 ×, Umschrift: Leopoldus I. D. G. Rom imp. sem. augustus Ger. Hungar. et Boh. rex.

Revers: Die Stadt Wien, der Stephansturm mit Sonn- und Mondzeichen, das Lager, die Batterien, im Vordergrund Gefecht zwischen den vom Gebirge kommenden Entsatztruppen und den fliehenden Türken. Ueber der Stadt unter einem Regenbogen. worauf eine Taube mit einem Oelzweige im Schnabel sitzt. fliegt ein gekrönter Adler, in den Pranken das Kreuzeswappen von Wien und ein Schwert haltend; Umschrift: † Wien das adler nest sich freut das der türken heer zerstreut. Dancke gott o christenheit. Auf einem am Boden liegenden Steine die Buchstaben: H. J. W. Randschrift: Austria Egregie Imperatorem Orientalem Vincet. Gr. 28. 5 Lth. S.

13   Avers: Oben in Strahlenglorie: JESUS. Darunter eine Gruppe von vier knieenden gekrönten Figuren: Kaiser Leopold, die Churfürsten von Bayern und von Sachsen und König Sobieski, bei jeder Figur das entsprechende gekrönte Wappen, vorne Schwert und Säbel gekreuzt, darunter die Buchstaben ולאחר in Feuerflammen, Umschrift: Wann diese Helden siegen. so muss der türk erliegen; Hungarn der Fried vergnügen.

Revers wie bei No. 12. Randschrift: Wienn bedencke Gottes Gnad, so er dir erwiesen hat, danck ihm allzeit frue und spath.

14   Avers: Lorbeerbekränztes Brustbild des Kaisers Leopold in antikisirendem Harnisch, auf der Brust das Blitzeisen und das goldene Vliess. Umschrift: Leopoldus I. D. G. Rom. imp. semper Aug. turcarum victor. Anton Meybusch fecit (Fig. 21).

Revers: Im Vordergrunde die vor der christlichen Armee fliehenden Türken, im Hintergrunde Stadt und Lager, oben Fama und die Worte: urbem servastis et orbem. Unten auf einem Spruchbande: Vienna Austriae a turcis oppugnari caepta d. 14. Julii liberata d. 12. Sept. Ao. 1683. Daneben der Name: Ant. Meyb. Randschrift: ✱✞✱ Caesar sarmata rex Saxo Bavarus Lotharingus asserta decus immensum mernere Vienna. Gr. 25. 4 Lth. S. (Fig. 22.)

15   Avers: Leopoldus Au. Imp. Caesar. Belorbeertes Brustbild des Kaisers.
Revers: Anno Domini 1683. 14. mensis Julij Turca obsedit Vicunam, et rursus 12. Septembris relictis castris terga dedit. Guss, die Schrift gravirt. Gr. 18, Gew. 1½ Lth.

16   Avers: Die Stadt Wien mit dem Türken-Lager, darüber ein einköpfiger Adler, mit den durch ein Band zusammengehaltenen Wappen Oesterreichs und Wiens in den Krallen, schwebend. Umschrift: Die Adlers Burck beschirme ferner Gott und Unglück treff die böse Türken Rott. (Fig. 23.)
Revers: Oben zwischen 2 Palmzweigen Leopolds Brustbild; die Büste ist eingefasst von den Buchstaben: Leop. | D. G. R. IM. Darunter: 1683 | den 14. Jul ist | Wienn von Turkn belagert mit Feuer und | Sturmen 8 Wochen beang | stigt und den 12. Sept. von | k. M. Leopoldo I. | mit Hilff dero Alliirten ent | setzt und der Feind mit Ver | lassung Stuck u. Pagage | davon geschlagen wor | den. Gott sey ge | dankt. | Randschrift: Die es gesehen sagen das hat Gott gethan. Grösse 17, Gold 5 Duc. AR 1 1/7 Lth. (Fig. 24.)

17   Avers: Dei consilio industria Leopoldi. Belorbeertes Brustbild Leop. I. über demselben eine aus Wolken ragende Hand mit dem Auge Gottes. Unten: Vienna, obsidet frustra Mahumedus 1683.
Revers: Dei justitia prudentia Ferdinandi. Gekröntes Brustbild des Kaisers, oben eine Hand aus Wolken ragend, ein Schwert haltend, unten: Vienna, obsidet frustra Solimannus 1529. Silber 13/16 Lth. Gold 6 Duc. G. 16.

18   Avers: Brustbild Leop. I.
Revers: Die Statt so Gott bewacht zerstört kein feindes Macht. Wien MDCLXXXIII. Blei.

19   Avers: Doppeladler, auf der Brust das Wappen, und LI, zwischen den Köpfen: In hoc ✝ Signo, unten; Vicemus Vivemus.
Revers: Vor dem in Wienn von St. Stephan Thurn abgenommen ✳ ☽ wurd das Siegzeichen des h. Creuzes aufgesetzt den 11. October 1687. Ducaten.

20   Avers: K. Leopold auf einem galoppierenden Pferde zwischen eine Lorbeer- und einem Palmenzweige, unter Trophäen: LEOPOLD. I. Consil et Industria. Joh. Neidhard.
Revers: Die Brustbilder der Befreier Wiens. 1) Carolus D. G. Lothar. 2) Max Em. D. G. El. Bav. 3) Joann. III. Rex Pol. 4) Joh. Georg III. D. G. El. Sax. 5) Com. Commend. Ernst. Rudi. Starnb. Umschrift: Tantorum Heroum Ductu et Fortitudine. Unten. das Lager und die Stadt, mit einer von einer Wolkenhand gehaltenen Kette an den Himmel gebunden, darüber das Auge Gottes. Herum: Affixam Celo Nunqm Scytha Supprim. et Urbē. Grösse 13 (Mionnet) $1^{11}/_{13}$ Lth.

21   Avers: Brustbild des Churfürsten Joh. Georg III. mit stark gefedertem Helm. En Mars Saxonicus.
Revers: Hic fauste Prima in Hostes irruit., in 6 Zeilen; 1683 $1\tfrac{?}{?}$ Sept. Vienna Con. föd. Manu a Turcis liberata. $^5/_8$ Lth. D. 9'''.

22   Avers: Geharnischtes, gegen links gewendetes Brustbild des Kaisers Leopold I., in der linken Hand den Marschallstab haltend. Am Rande ein Lorbeerkranz; Umschrift: Leopoldus dei gratia electvs romanorum Imperator semper. augustus Germaniae. Hvngariae, Bohemiae. Dalmatiae. Croatiae. Slavoniae Rex: Archidvx Avstriae, Dux Bvrgvndiae, Stiriae. Carinthiae. Car. et Wirtenbergae et Comes Tyrolis etc.
Revers: In der Mitte der von zwei Greifen gehaltene und mit dem goldenen Vliess gezierte Schild, darüber die Hauskrone, daneben die geteilte Jahreszahl 1683. Im Schilde der doppelköpfige Adler, im Herzschilde Oesterreich und Castilien. Nach Art einer Kette umgeben diesen Schild an einander gereihte Wappen, nämlich: Ungarn (die 4 Flüsse), Böhmen, Croatien, der Bindenschild, Steiermark, Tirol, Kärnten, Burgund, Bosnien, Dalmatien und Ungarn (das Patriarchen-Kreuz). Aussen ein Lorbeerkranz und die Umschrift: Tirk. Tartarn. rebellische Hvngern belagern Wienn den XIV. Jvlii Kaysrl. Poln. Cvr. Bayr. Sachs. vnd andere

Reichs-Völker ent- sezens den XII. Septemb. der Feind hinterlast alle Strk: Bagage Mvnition, vnd wird eiffrigst verfolgt.

23 **Avers**: ArCVs fortIVm sVperatVs est et DebILes affVsl sVnt robore. I. Reg. Doppeladler mit Blitzen in den Krallen auf die Stadt herabschwebend. Im Segment: Inimici defecerunt frameae in finem.

Revers: Kranz von Palmzweigen, oben eine Krone. LeopoLDo Caesare Ioanne rege PoLonIae BaVarIae et SaXonIae ELeCtorIbVs DVCe LotharIngIae eXterIsqVe pro VIrIbVs obsessa LIberatVr. AR Gr. 18. Gew. $^{15}/_{16}$ Lth.

24 **Avers**: Oben das strahlende Auge Gottes, zwischen den Strahlen: colligit auxilii radios. Darunter der auf der Erdkugel schräg sitzende, gekrönte Doppeladler, mit des Kaisers Namen L(eopoldus) I(mperator) auf der Brust; Schwert und Scepter in den Krallen haltend. Die Erdkugel zeigt die Festung Wien, herum: sub umbra alarum tuarum. Ganz unten ist der abnehmende über Wolken schwebende Mond mit der Umschrift: victamq, redegit in umbras. Umschrift: Imperij murum Austriaco interponit in orbe. Grösse 20, Gold und Silber. AV 10 Duc Silber 1$^7/_{10}$ Lth. (Fig. 25.)

Revers: 1683 | die 14. July | Vienna Austriae | a | Turcis obsessa | sed | protectore altissimo | Leop. I. Imp. | industria et consilio | regis Poloniae | Joan III. | praesentia et valido | auxilio. | In kleinerer Schrift rechts: In perso. succ. | Elect. | Bava. Saxon et Imperij sub- | sidio | com. Capliers | deput. praesi- | dente. | Links: Duce Lotha | ringo | Caes. loc. ten. | grliso (generalissimo) | gener. com. | Starnberg | urb. comen. | Unten fortlaufend: Viennensium deniq. Universitatis senatus | officialium civium ac incolarum | concordi obsequio ab obsidione | profligato hoste eodem anno ; die 12. Sept. liberata. | Rund herum ein Perlenrand. Matthi. Mittermair a Waffenberg, S. C. M. moneta obtulit. (Fig. 26.)

25 **Avers**: Die Brustbilder des Papstes Innocenz XI., Leopold I., Sobieski's und des Dogen. Umschrift: Innoc. XI. pont. Leop. I. imp. Joa III. rex. pol. M. A. Jus.ve.dux. (Fig. 27.)

Revers: Der Doppeladler nach aufwärts auf ein in den Wolken schwebendes Kreuz sehend. Der Adler ist mit der dreifachen und der Kaiserkrone gekrönt, trägt das Scepter und Lorbeerzweig in der einen, das Schwert und einen Palmzweig in der andern Kralle, auf der Brust das österr Bindenschild. Schrift auf einem Spruchbande: vuivit palmamque dedit. Gr. 37. (Fig. 28.)

26   Avers: Ein von einer aus Wolken reichenden Hand bekränztes L zwischen Palmzweigen. Umschrift: Gott ist dir hold, o Leopold. 2 verschiedene Stempel. (Fig. 47.)
Revers: Ansicht von Wien, ein schwebender Engel mit Schwert und Schild. Unten: MDCLXXXVI. W. Wien bleib genannt der Turken Schand. Gr. 9, 1 u. 2 Duc.

27   Avers: Armaturen und Fahnen, darauf das Brustbild Leop. I.
Revers: Wien und das Lager in der Leopoldstadt. Darüber eine Hand aus den Wolken, welche die Erdkugel, bedeckt mit der Kaiserkrone und gekreuztem Schwert und Scepter, hält. Zuoberst das Auge Gottes. Consilio et industria. In einer Cartouche: Vienna | liberata 1683 | d. 12. Sept. (Fig. 30.)

28   Avers: Rechtssehendes belorbeertes Brustbild, im Schuppenpanzer mit Helm, Umschrift: Joan. III. D. G. Rex Poloniarum.
Revers: Die Stadt Wien von der Leopoldstadt aus, vorne das türkische Lager. Oben in Wolken zwei gekrönte einköpfige Adler, einen Halbmond zerbrechend. Dabei die Worte: nec luna duabus. Unten in einer Cartouche: vienna liberata | Ao. MDCLXXXIII d. XII. sept. Gr. 26. $2^{3}/_{16}$ L. S. (Fig. 31.)

29   Avers: Joh. III. D. G. Rex Poloniae. Belorbeertes Brustbild des Königs.
Revers: Oben: Belagert d. 14. Jul. entsetzt d. 12. Sept. 1683. Darunter: Stadt und feindliches Lager, über welchem ein Adler in den Krallen Schwert und Scepter, im Schnabel einen Lorbeerzweig haltend, schwebt. AR Gr. 22 Guss. Gew. $1^{15}/_{16}$ Lth.

30   Avers: Brustbild des Papstes Innocenz XI. Umschrift: innocens XI pont. max. a I. VIII.
Revers: In einem Lorbeerkranze: Dextera tua domine percussit inimicum.

31   Avers: Päpstliches Wappen bekrönt mit der Tiara und umgeben von den Schlüsseln: Innocentius XI. pont max.
Revers: Wie oben.

32   Avers: Brustbild in römischer Rüstung mit stark befiedertem

Helm. Umschrift: Joan Georg III. d. g. Dux Sax S. R. J. Archim. et El.

Revers: Eine aufgerichtete Fahne mit dem sächsischen Curhute bedeckt und mit dem Rautenkranz-Wappen geschmückt; rechts begleitet von einer Cartouche mit den sächsischen Churschwertern, links von einem Turban, im Hintergrunde die Stadt Wien, das türkische Lager und die fliehenden Türken, dabei die Worte: fuge virus ab urbe. Umschrift auf Spruchbändern: Rectis fas, cedere curva, romanis barbara subsint Gr. 22. 55 Duc., 4⅝ Lth. S. (Fig. 33.)

33   Avers: Mars Saxonicus, Brustbild des Churf. Joh. Georg III. mit befiedertem Helme.

Revers: Hic fauste primus in hostes irruit. Fama auf erbeuteten Waffen stehend, bläst in eine Tuba, in der Linken hält sie einen Lorbeerkranz. Randschrift: Vienna conf. man. a Turcis liber. d. 2. Sept. anno 1683. Gr. 15. Gew. $1^{3}/_{16}$ Lth.

34   Avers: Brustbild Ioh. Georg III. mit befiedertem Helm. En Mars Saxonicus.

Revers: Ein Tisch mit Churhut und Helm, dazwischen die Churschwerter. Ad Utrumque. $^{5}/_{16}$ Lth.

35   Avers: Behelmtes Brustbild. Umschrift: En mars saxonicus.

Revers: Umschrift: Hic fauste primus in hostes irruit. Inschrift: 1683 d. $_{12}^{3}$ Sept. vienna conföd. manu a turcis liberata.

36   Avers: Max. Em. C. P. R. V. Dux S. R. J E. et Def. Ae. S. 22. Brustbild.

Revers: Ducis pietas et fortitudo im Kreise. Geflügelte weibliche Figur, eine Flamme auf dem Kopfe, in der Rechten eine rauchende Schale, in der Linken einen Pfeil, auf dem Halbmond stehend. Im Segment: Vienna liberata 1683. AR Gr. 13, Gew. ½ Lth.

37   Avers: Ern. Rudi Com. a Starr. Sc. M. C. C. B. G. C. M. Vienn. Com. Brustbild. Rechts unten: HIW.

Revers: Der 60 Tage — lang die grösste Wuth aushielte — macht das der Turc Zelt — Geld Feld Stück und Glück — verspielte. 1683. Darunter: Gefesselter Türke, von Waffen und Fahnen umgeben. Randschrift: Des Ruhm geht in die Runde der nicht weicht eine Stunde und erschlagt die Türkenhunde AR Gr. 19. Gew. $1^{11}/_{16}$.

38   Avers: Brustbild. Ern. Rudi. Com. a Starr. SC. M. C C B. G. C. M. Vienn. Comm. Unten : HIW.
Revers: Engel in der recht. Hand d. Schwert, die linke gegen den Himmel erhoben über der Stadt schwebend. Unten Doppeladler, der auf der Brust d. Jahr 1683 trägt. Im Kreise herum:
✶ Hier Schwerd des Herrn und Gideon. Iudic. 7, 20. Das Schuzet Wien des Kaysers Thron. Randschrift: Des Ruhm geht in die Runde der nicht weicht eine Stunde und schlagt die Turken Hunde. AR. Gew. $2^{5}/_{10}$ Lth. G. 20. (Fig. 29.)

39   Avers: Ern. Rud. Graf u. Herr v. Starrenb. Brustbild mit Perrücke und Küras, rechtssehend.
Revers: In 8 Zeilen: Hat dieser kais. General Wien vom 14. Iuli bis 12. Sept. wider die Türken tapfer beschützt. Randschrift: Des Helden Lob. Bronze D".

40   Avers: Ern. Rudi. Com. de Starenb. S. C. M. C C B. G C M. Brustbild.
Revers: 1683. Hat dieser tapfere Held die Stadt Wien von 14. Iul. bis 12. Sept. wider die Türken mit Gottes Hilf rühmlich beschutzt. Randschrift: Bringt der Tapferkeit, ihr selbst Unsterblichkeit. AR. Gew. $^{9}/_{61}$ Lth.

41   Avers: Brustbild Stahrembergs. Rud. Ern. com. a Staremberg gub. viennae obses.
Revers: Gekrönte Figur auf einem geflügelten Pferde reitend über Leichen von Polen und Türken, im Hintergrunde die Stadt Wien. Umschrift: Cunctis inopina reluxit Te victore salus. Joa. III. pol. r. de Tur Jar. reb. vict. aug.

42   Avers: Belorbeertes Brustbild. Carolus Dux Lotharingae.
Revers: Zwey Arme, der eine ein Kreuz, der Andere ein Schwert mit einem Türkenkopfe haltend, die Hände vereint. Ein gestürzter Halbmond. Iuncta diac fortis fortior.

43   Avers: Die Stadt Wien von der Leopoldstadt aus, inzwischen der „Donav-Flus" darüber in strahlenden Wolken ein herabschwebender Adler: Schwert und Blitze in den Krallen haltend. Umschrift: Türk belagert den $^{13.\ Juni}_{3.\ Juli}$ Wien entsetzt den $^{2}_{12}$ September MDCLXXXIII. J. J. (Fig. 34). Gr. 21.
Revers: Wie Jvpiter der riesenhand verkurzet hat Leopold der turken Macht gestvrzet.

44   Avers: Die Hydra wird von Herkules bekämpft, während Jolaus ihr die Hälse mit der Fakel absengt. Umschrift: concordia heroum victoriae stabilimentum. Zeichen des Medailleurs: GIL. Gr. 20. (Fig. 32.)

Revers: Quod coelitus data victoria auspiciis Leopoldi imp. atq. polon. regis duorumq electorum virtute et armis d. XII. sept. VIenna aVstrIae ab iMmenssI graViqVe tVrCae obsIdIone lIberata barbari castris exuti et repressi stricontumq. receptum augusta vindel. f. c.

45   Avers: 2 Sonnen, welche ihre Strahlen auf die darunter befindliche Erdkugel, darauf das Bild Wiens mit dem Lager, werfen. Unter der Erdkugel der durch den Erdschatten verfinsterte Mond. Umschrift teilweise auf Spruchbändern: SOLE DVPLO exorto DOLEO PLVS thracica luna (Fig. 35).

Revers: Vienna Austriae — d. 14. Julii — a Turcis obsessa — sed dei ope — Leopoldi Augustissimi Caesaris — auspicio — Johann III. Pol. Reg. a aliorum S. R. J. statuum — subsidio — caeso 12 Sep. ad Cecii radices barbaro liberata Christianam Europam quid — facto opus instruit. Ex InsIgnI hoC fortItVDInIs — et persIstentIae — eXeMpLo Unten in Verzierung. Winck. inven. I. K. Gr. 20. AR 1³/₈ Lth.

46   Avers: Ansicht der Stadt, vor ihr die feindlichen Waffen und Rüstungen, welche vom Feuer verzehrt werden. Aus Wolken zucken Blitze. In einer Cartouche: Viena, obs. d. 14. Jul. lib. d. 12. Sept. anno 1683. Umschrift: Divini pugnant pro moenibus ignes.

Revers: Stehender Doppeladler, den Reichsapfel zwischen den Köpfen, die Krone darüber, in der linken Klaue Schwert mit Scepter, in der rechten Lorbeer- und Palmzweig haltend. Umschrift: Haec mundo pacem victoria sancit. Fig. 36. Gr. 21. Gew. 1¹/₈ Lth.

47   Avers: Die Stadt so Gott bewacht zerstört kein Feindes Macht. Darüber das strahlende Auge Gottes, darunter die Ansicht der belagerten Stadt.

Revers: Anno 1683. den 14. Jul. belagert der Turk die Stadt Wien. ist aber durch Gottes Hilff den 12. Sept. wider davon geschlagen worden, AV. Gr. 13, Gew. 3 Duc.

48   Avers: Das ist Gottes Finger. Ansicht der Stadt und des Lagers.

Revers: Der Türckische Hochmuht welcher Wien vom 14. Julii bis 12. Sep. 1683 bedränget selbigen Tages von.der Hand des Herrn völlig gestürtzet AR Gr. 14. Gew. ⅜ Lth.

49   Dasselbe Stück in Gold, nur ist das Wort Go-ttes durch die Spitze des Stephansturmes geteilt. AV Gr. 14, Gew. 4 Duc.

50   Avers: Ansicht der Stadt und des Lagers. Wien Gott bewacht der Turcken Macht ligt nun veracht.
Revers: Diese Müntz — zeigt die Ao. 1683 — ½ Jul. von Mahumed IV. — belagerte Statt Wien — welche aber durch Gott — und der Keys-Poln-und Reichsvölcker Tapfer: — keit den ½ Sept. wie — der davon befreyet worden. AV Gr. 20, Gew. 12 Duc. AR Gew. 2 Lth.

51   Avers: DefensorIbVs IstIs FortIbVs atqVe pIIs. Vom halben Bogen des Thierkreises eingeschlossen, der die Worte Sep. Aug. Jul. trägt. Darunter: Trophäen von Rüstung und Waffen, 2 gebundene Türken knien zu beiden Seiten. Unten: praeCLara VIenna trIVMphat. (Fig. 37.)
Revers: Und nehr dich ehrlich. Dächer und Giebel: im Vordergrund ein Dach, welches mit einer Fortuna geziert ist, und auf dessen Schornstein Störche ihr Nest bauen. (Fig. 38.) AR Gr. 20, Gew. 2 Lth.

52   Avers: Hoc oriente fugit. Der Mond verschwindet hinter Wolken. Die aufgehende Sonne beleuchtet die Stadt Wien und die kämpfenden Heere. Unterschrift: Die ½ Sept. MDCLXXXIII. (Fig. 39.)
Revers: Grundriss der Stadt und des Lagers. Eingerahmte Umschrift: OppVgnata bona est non eXpVgnata VIenna. NaM CoeLo per Deus hostIbVs hostIs erat. Randschrift: Casus in ocasu! pete nunquam Turca Viennam. AR Gr. 20. 2½ Lth. (Fig. 40.)

53   Avers: Stadt und das Lager, ein Adler hält in seinen Pranken die 2 Stadtwappen. Das Adlerburck beschirme ferner Gott, und Unglück treff die böse Türkenrott. ✱
Revers: Anno 1683 — den 14. Iul. ist Wien — von Turken belagert — mit Feuer Sturmen und — Minen, 8 Wochen lang beangstiget und den 12. Sept. von k. M. Leopold I. mit Hilf dero

alliirten entsetzt und der Feind mit Verlassung aller Stuck und Pagage davon geschlagen worden. Gott sey gedanckt.

54 Avers: Türkisches Lager, ein Türke liegt am Boden. Darüber der Doppeladler, in der rechten Pranke ein Kreuz, in der linken ein Schwert. Darüber Lorbeerkranz. Umschrift: De super — auxilio. (Fig. 42.)
Revers: Anno 1683 — den 14. Iul. bela- — gert der Turk die — Stadt Wien — ist aber durch Got — tes Hilff den 12. Sept. — wider davon — geschlagen — worden. Gold. C. Zwzgr.

55 Avers: Türkisches Lager, ein Türke liegt am Boden, der Doppeladler hält rechts das Kreuz, links ein Schwert, darüber ein Lorbeerkranz De super — Auxilio.
Revers: Die 14. Iulij — Vienna Obsessa — vis Turcica pressa — cum clade regressa — Die 12. Sept. — Anno — MDCLXXXIII. Cab. Zwzgr.

56 Avers: Christus am Kreuze, auf einem Bande die Aufschrift: A cruce triumphus. Am Fusse des Kreuzes: Waffen und Fahnen, herum auf einem Bande: zum Schemel deiner Füsse (Fig. 41.)
Revers: Wien — vom Türcken — den 14. July — belagert wird — nach 2monatlicher — tapfrer Gegenwöhr — durch Gottes Gnad — und christliche — sigreiche Waffen — glücklich ent- — setzt den 12. — Septembris — Ao. 1683. Unten: Monogr. IAI P. H. M. AR Gr. 15. (Fig. 43.)

57 Avers: Crucifix von Trophäen umgeben: Oben und Unten auf Bändern: A Cruce Triumphus. Zum Schämel deiner Füsse.
Revers in 14 Zeilen: Wien vom Türken belagert d$^4/_{14}$ Iul. und mit Gottes Hilff d. $^2/_{12}$. Sept. 1683 entsetzt mit Verlust seiner Stuck und Bagage. Gew. 1$^2/_{32}$ Lth. Gr. 23.

58 Avers: Eine Ara, darauf die Königskrone, die Tiara, die Kaiserkrone und die Dogenmütze. Darüber in Strahlenglorie der heil. Geist, auf der Ara die Inschrift: Anno domini MDCLXXXIII. Umschrift: habeto nos foederatos et serviemus tibi (Fig. 44.) Randschrift: Ad majorem dei gloriam et ecclesiae suae incrementum.

59 Avers: Stehender Türke, dem ein Adler den Turban vom Kopfe reisst; links türkische Fahne und Waffen am Boden liegend. (Fig. 45.)

Revers: Wien vom Turken belagert den ¹⁴/₁ Jul. MDCLXXXIII. ward den ¹²/₂ Sept. durch die kays. May. könig. in Pohlen Curff. in Baiern und Saxen dem Fränc. Crays. & ruhmlich entsetzt. Randschr. Des Adlers Flug hat Siegs genug von diesem Zug. AR Gr. 16, Gew. 1⁵/₈ Lth.

60 Avers: Gekrönter Doppeladler, mit Schwert und Scepter, überdiess haltend den Bindenschild und den Kreuzschild von Wien, oben das Auge Gottes. Medailleurzeichen: M. H(offmann). Umschrift: Ehr seye Gott — in der Höhe. (Fig. 46.)
Revers: Wienn — von — Türken belegert — den 14. July — mit Hilff Gottes — abgetrieben — den 12. Sept. 1683. Fahnen und Armaturen. (Fig. 48.) Gold. C. Zwzger.

61 Avers: Stadt, über derselben das öst. und das Stadtwappen unten das türkische Lager.
Revers: Wien belagerte der Türk 1633 den ¹⁴/₁ Juli, ward entsetzt ¹²/₂ Sept. mit Verlust all seiner Stuck.

62 Avers: Ansicht der Stadt mit dem türk. Lager ober derselben zwischen Lorbeerzweigen die Stadtwappen ohne Schrift.
Revers: Wienn belagerte der Türk 1683 den ¹⁴/₁ Jul. ward entsetzt D. ¹²/₂ Sep. mit Verlust all seiner Stuck. Randschrift: Die es sehen werden, sagen das hat Gott gethan. PS. 64. C. Zwzgr.

63 Avers: Stadt und Lager.
Revers: Wienn belagerte der Turk 1683 den ¹⁴/₁ Iul. ward entsetzt d. ¹²/₂ Sep. mit Verlust all seiner Stuck.

64 Avers: Ansicht der Stadt und türk. Lagers ohne Schrift.
Revers: Die ¹⁴/₁ Iul. Vrbs VIenna ObsIDetVr tVrCIa fLens reMoVetVr die 12 Sept. Randschrift: Virtute austriaca totus sic cingitur orbis. Gold u. Silber.

65 Einseitig. von feinem Gepräge. Vienna ¹⁴/₁ Iulii ab Achmeto Obsessa ¹²/₂ Sept. Deserta est.

66 Avers: Doppeladler. De super — Auxilio.
Revers: Die 14. Iuly Vienna Obsessa vis Turcica Pressa cum clade Regressa die 12 Sept. 1683.

67   Avers: Ansicht der Stadt Wien mit der Belagerung, darüber der polnische Adler. Belagert d. 14. Iul. entsetzt d. Sept. 1683.
Revers: Ansicht der Stadt mit der Belagerung. Hamburg belagert König in Daenemark 1686. Zwitter und selten. D 1" 10"'.

68   Avers: Das belagerte Wien: VIenna aVstrIae $\frac{14}{4}$ JULII. ab AChMete II. obsessa $\frac{2}{2}$ Sept. eX Insperato ab eo Deserta est.
Revers: Kämpfende türkische und kaiserliche Reiter: a Domino venit pax et victoria 1683.

69   Avers: Ern. Rud. Graf u. Herr v. Starrenberg. Brustbild mit Perrüke und Küras, rechtssehend.
Revers in acht Zeilen: Hat dieser kais. General Wien vom 14. Juli bis 12. Sep. wider die Türken tapfer beschützt. Randschrift: Des Helden Lob. Bronce D"'.

70   Avers: Umschrift in 5 Reihen: Ioanni III. Regi Poloniarum Orthodoxo Fidei Defensori Exercituum Christianitas Generalissimo Ductori Turcarum Debellatori Tartarorum Fugatori Vienna Austriae ab Obsidione Turcica A° 1683 die 12. Sept. liberatori Hungariae Recuperatori Polon. Conservatori M. D. Moscov et Reipubl. Venetiar ad Bellum Comune Inductori Patri Patriae Divo. Pio. Iusto. Felici Augusto Sacrum. Innerhalb eines Palmenkranzes das rechtssehende belorbeerte Brustbild, worüber die Königskrone.
Revers: Auf einem Bande: Donec Auferatur. PS. 11. Der Halbmond nach unten gekehrt, darunter die österreichischen, russischen und polnischen gekrönten Adler, tiefer der venetianische Löwe auf Wolken, und unten die Städte Kaminiec, Buda, Candia und Constantinopel. Randschrift: Ingentibus. Ausis. Quo. Vis. Munstrat. Iter. (Medailleur: Job. Höhn.) $4^{3}/_{4}$ Lth. D. 2" 1"'.

71   Avers: Patrona Viennensium. Die Mutter Gottes zu Mariazell zu ihren Füssen rechts P, links S. Im Segment: S. Maria Cellensis.
Revers: Die heil. Dreifaltigkeit auf Wolken, darunter die Ansicht der Stadt und der Schlacht vor ihren Mauern. Dazwischen: S. S. Trias refugium Viennensium. Im Segment: Vienna Austriae ab obsidione Turc: li — berata 12. Sept. 1683. Æ Gr. 19. Oval

Verzeichnis

der im

ersten Teile vorkommenden Drucker des XVI. Jahrhunderts.

Augsburg:	Silvanus Ottmar Nr. 36.
Dresden:	Matthes Stoeckel Nr. 10.
Leipzig:	Nicolaus Faber Nr. 42.
	Nickel Schmidt Nr. 46.
Nürnberg:	Hans Guldenmundt Nr. 13. 16 und 19—33.
	Jobst Gutknecht Nr. 117.
	Nicolaus Meldeman Nr. 2, 5, 7, 9. 11 und 12.
	Friedrich Peypus Nr. 119.
	Petreo Nr. 47.
	Christoff Zell Nr. 58 und 64.
	(Valentin Neuber) Nr. 115.
Regensburg:	Paul Khol Nr. 52.
	Paul Khol jun. Nr. 34.
Wien:	Hieronymus Victor Nr. 1.

Register.

Die Namen der Autoren und Künstler sind mit durchschossenen Lettern gedruckt; die anonymen Schriften wurden mit ihren unveränderten Anfangsworten aufgenommen.

Die römischen Zahlen beziehen sich auf die Abteilung, die arabischen auf die Nummer des Stückes.

Aalis Geschichte. I. 100. (Beilage XVI.)
Abriss des Standarts des grossen Vizirs etc. II. 232.
Ain gründtlicher vnd warhaffter Bericht etc I. 43.
Alanriqve Ant. II. 94.
Alte vnd Newe Zeitunge, erstlich die Geschichte etc. I. 10.
A major gloria de Dios. etc. II. 296.
Anguissola Leand. II. 83. 318. 319, 320.
Anzeiger für Kunde d. d. Vorzeit. I. 4. 115.
A. song on the Victory over the Turks. II. 303.
Augenscheinliche Wahrzeichen etc. II. 235.
Aufrichtige und Unpartheyische Relation etc. II. 192—195.
Aus dem Lied auf die Befreiung Wiens II. 262.
Ausführlicher Bericht wegen erhaltener Victori. etc. II. 177—178.
Ausführliches Diarium oder Journal etc. II. 29.
Ausführliche Relation von den zwischen etc. II. 213.
Ausführliche Relation was sich vor etc. II. 59 und 60.

Ausführliche Vorstellung des Verlaufs etc. II. 47.
Ausser-Extraordinar Curier etc. II. 46.
Austria o. österr. Universal-Kalender. I. 45, 106, 108, 126. II. 132, 245, 256.
Aus Wien den 17. Augusti etc. II. 241.

Baczko Ludwig v. II. 224.
Bartoli D. II. 288.
Baur Dr. Ludwig II. 131.
Bechtlin Ch. Seite 130. Nr. 338.
Beck von Leopoldsdorf, Hieron. I. 37, 65.
Beham Barthel I. 134.
Behrnauer Dr. W. F. A. I. 70.
Berckenmayer II. 312.
Beregani Nic. II. 90.
Berichte und Mitteilungen des Wiener Altertums-Vereines I. 3, 113, 116.
Besold Chr. I. 81.
Birken Sigm. v., II. 70.
Blätter des Vereines für Landeskunde von Niederösterreich. I. 74, Seite 129 Nr. 137.
Boethius Christ. II. 74.
Bremunden. Franc. II. 92.
Brenn und Belägerung etc. II. 68.
Breve Pean, o militar panegyrico etc. II. 292—93.

Briefe des Pohlen-Königes etc. II. 223.
Bruckmann. II. 313.
Brulig Bern. II. 129.
Buchholtz. I. 72.

Camentzius Joh. I. 88.
Cámesina Albert, Ritter von. I. 6, 14, 18—33, 113, 133, 135, II. 163.
Camuccio Barth. II. 83, 318.
Campioni G. B. II. 285.
Cancion Real à la sangrienta rota etc. II. 298.
Cantemir II. 227.
Cara Mustapha Grand Visir etc. II. 120.
Carmelitano Angelo II. 91.
Carta Pastoral del ilvstrissimo etc. II. 191.
Comedia famosa, el Cerco de Viena etc. II. 300.
Constantini Ant. II. 284.
Copia eines Schreibens, welches der König in Pohlen etc. II. 39, 219.
Copia litterarum ad Sacrum Caes. Maj. etc. II. 218.
Coyer. II. 228.
Curiose Denkwürdigkeiten des österr. Adlers II. 65.

Dalerac II. 226.
Damasceni a Matre Dei Jo. II. 139, 306.
Das geängstigte und wieder erquickte Wien etc. II. 49.
Das heldenmüthige, wiewol gefährliche Unterfangen etc. II. 62 und 63.
Daxbach Jörg. I. 120, 121.
Der elende und schimpfliche Abzug etc. II. 268.
Der genau .. abgebildete Rossschweif etc. II. 212.
Descrizione dello Stendardo etc. II. 236.
Des scharfsichtigen Kayser Adlers etc. II. 66.
Dess Turcken Erschreckliche Belagerung etc. I. 48.
De Viennae Obsidione soluta etc. II. 277.
Dialogo per Mvsica etc. II. 287.
Diaria y descripcion veridica etc. II. 93.

Diarium oder Tag-Verzeichniss etc. II. 30.
Diarium oder weitlauftige Beschreibung etc. II. 52.
Diarium welches am Sonntag d. 12. Spt. etc. II. 50.
Diarium welches der am Türckischen Hoff etc. II. 42.
Die ausgelegte vnd erklärte Ottomanische Standarte. II. 39, 233.
Die bekriegte und triumphirende Donau etc. II. 260.
Die Belagerung im J. 1529. I. 101.
Die Belägerung der Statt Wien etc. I. 53.
Die Belegerung der Statt wien etc. I. 54.
Die Belegerung der Stat Wien etc. I. 55.
Die Geschichte der Stadt Bunzlau etc. I. 129.
Die grausame Belägerung der Stadt Wien etc. II. 38.
Die merkwürdigsten Begebenheiten etc. II. 140.
Die recht wahrhafftige Contrafactur etc. I. 11.
Dietrichstein Franc. II. 279.
Die Türken vor Wien 1529. I. 122.
Die weitberühmte Badstube. II. 265.
Diss so hernach volget haben die Türcken etc. I. 43.
Dreyfacher Teutscher Helden Krieg etc. II. 43.
Drey Particular-Schreiben etc. II. 58.
Dre lede volgen, dat erste, Wo der Türke vor Wene lach etc. I. 127.
Dudik Beda II. 129.

Ehrenberg v. Schupert. Seite 132.
Eichhorn J. Gottfr. II. 147.
Eigentliche Abbildung der Kayserl. Residenzstadt etc. II. 171.
Eigentliche Beschreibnng von der den 14 etc. II. 16.
Eigentlicher Bericht wie und wo etc. II. 53.
Ei Gloria Jo. Gerorgii III. etc. II. 203.

Ein lateinisches Te Deum laudamus. II. 39.
Einfältiges doch Wohlgegründetes Bedenken etc. II. 276.
Ein newes lied der gantz handel etc. I. 117.
Ein new lied, wie der Türck Wien belegert etc. I. 128.
Ein Particular Schreiben etc. II. 239.
Elfrik L. T. J. II. 264.
Ellemere Lord I. 104, II. 160.
Enenkel Freiherr I. 100 (Beilage IX).
Engelstoft L. II 148, 149.
Entsatz von Wien 1683. II. 261.
Erlach I. 123.
Extract eines Schreibens aus Wien. II. 44.

Fama veridica de la grandiosa vitoria etc. II. 105.
Feigius Joh. Const. II. 71, 214.
Ferdi's Geschichte. I. 100. (Beilage XVII.)
Fernere Relation der grossen Victoria etc. II. 173.
Fernerer Summarischer Bericht etc. II. 17.
Feuerlein Jo. II. 200.
Filicaja V. II. 301 und 305.
Firnhaber Fried. II. 130.
Fischer Ferd. II. 52.
Formanti Neriolava. II. 89.
Forme de la Bataille etc. II. 187.
Franc Peter II. 280.
Franceschi Domenico di. I. 132.
Franci Joh. II. 238.
Francisci Erasm. } I. 87. II. 32, 33.
Franciscus Erasm.
Franke Sebastian. I. 49.
Freymund Christ. II. 45.
Frolockende Aria an den siegreichen roemischen Adler. II. 33, 40, 250.
Fürst N. II. 150.
Fuhrmann Math. I. 92. II. 145.

Gaudier Joann. I. 37.
Geelen. Siehe: Ghelen.
Genaue und eigentliche Relation dessen etc. II 174—176.
Ghelen V. G. II. 8—11, 329

Glaubhafte Specifikation etc. II. 242.
Glaubwürdiges Diarium Und Beschreibung etc. II. 17—28.
Glaubwürdiges Diarium, was zeitwahrender etc. II. 39.
Gloyach. II. 85.
Göbel. I. 66.
Görres I. 124.
Gomorna Cala da. I. 46, 100. (Beilage II.)
Graudius Jac II. 215.
Gründlicher Bericht, welcher massen etc. II. 169.
Grundrichtiger Entwurff etc. II. 332.
Grundriss der Kayserl. Residenzstatt. II 326.
Grundtlich vnd wahrhaftig vnterricht etc. I. 59.
Guldenmundt Hans I. 13—33, 103. (Beilage 3.)
Gverrero y Solano Franc. II. 108.

Hallart L. N. D. II. 328.
Hammer J. Freih. v. I. 69, 100. II. 134, 154.
Han P. C. B. II. 78.
Hans Sachs. I. 19—33, 110—116 und Seite 126.
Happel E. G. II. 73.
Hartnacius Dan. II. 84.
Haselberg Joh. I. 64.
Hayne J. C. G. II. 189.
Hedenos Christ. II. 190.
Heller. Jos. I. 17.
Heroischer Heldenmuth etc. II. 185.
Hertz- und Magen-Vomitiv etc. II. 258.
Herzog M. II. 259.
Histoire des Troubles de Hongrie etc. II. 125 und 126.
Historia Viennae Austriacae a turcis obsessae etc. I. 37.
Hocke Nicol. II. 7.
Hoffmann Jacob. II. 327, 336.
Hoogh Romain de II. 329—331.
Hormayr's Archiv. I. 95, 96, 99, 109. II. 152, 157, 165, 223.
Hormayr's Geschichte der Stadt Wien. I. 97. II. 153.

Hormayr's Taschenbuch für vaterländ. Geschichte. I. 8, 44, 68, 71, 73, 98. II. 134, 135, 164, 211.
Hütter Emil. II. 315.
Huhn Wilh. II. 34—37.
Hungarisch Türckische Chronika etc. II. 69.
Ibrahim's Schreiben an Ferdinand. I. 100. (Beilage VI.)
Inhalt der denkwürdigsten Sachen etc. II. 39.
Im Hof. II. 75. Seite 130. Nr. 337.
I. N. D. Ausführl. und gründliche Erzählung. II. 4.
Isthuanfius Nicol. I. 80. II. 82.

Joanni III. Poloniae Regi etc. II. 217.
Journal über die chursächsische Armee, etc. II. 204.
Jüngste belägerung der statt Wien etc. I. 49.

Kábdebo Heinrich. I. 3. 116. II. 246, 335.
Kaltenbaeck J. P. Siehe: Austria.
Kankoffer Ig. II. 157, 158.
Karatschelebisade Asis Geschichte. I. 160. (Beilage XVIII.)
Keller A. v. Seite 130. Nr. 138.
Ketteler. II. 82.
Kirchmaieri Ge. C. II. 201.
Khaine Helias I 114.
Knolles Richard. I. 91. II. 81.
Kochovsky Vesp. II. 216.
Kollarius A. F. I. 93.
Kollonitz. Urkunde des Kardinals. I 100. (Beilage XX.)
Komarek. J. J II 234
Krakauer Kalender. Seite 130. Nr. 340.
Krekwitz. I. 90. II. 77.
Kreysig's Beiträge. II. 204.
Kriegsnachrichten von der Belagerung. II. 144.
Kromayer Melch. I. 85.
Kunitz II. 42.
Kurtze doch gründliche Beschreibung etc. I. 89. II. 56.

Kurze Geschichte der Kriege zwischen Oesterreich etc. II. 143.
Kurze lesenswürdige Erinnerung etc. II. 16.
Kurtzer Bericht die Belägerung der Stadt Wien betreffend etc. I. 86.
La Comedia de el Sitio de Viena etc. II. 301.
La Comedia segvnda parte de el Sitio II. 302.
Laurus Christ. II. 86.
Le Mercure Galante etc. II. 124.
Le Mercure Holondois etc. II. 123.
Lerch Joh. Mart. Seite 45. Nr. 7. II. 61, 333.
Leunclavius Joann. I. 37, 51, 65.
Leyhe, Wilhelm von. I. 67.
Liliencron Freiherr v. 112 u. ff.
Lillis De II. 273.
Lind Dr. Carl S. 129. Nr. 136.
Lista Dess Kraut und Lots etc. II. 14.
Lista, Was aus dem Tuerkischen Lager etc. II. 240.
Lochner G. W. K. II. 206, 225.
Loblied des tapffern Wiener Commandanten etc. II. 252.
Lotti L. II. 290.
Lsolaksade's Geschichte I 100. (Beilage XV.)
Lüther J. M. II. 272.
Luftipascha's Geschichte. I. 100. (Beilage XIII.)
Lutz Hanns. I. 34, 35.

Manifiesto sacrilego y blasfema arrogancia etc. II. 99.
Martelli C. A de II. 309.
Maurer C. I. 83. Seite 129 Nr. 137.
Meldeman Nicolaus I 2—12, Seite 128.
Mencken II. 137.
Mercks Wien und Gedenk daran etc. II 76.
Metrica Panepirica Descripcion. II. 297.
Mignonius Ubald. II. 307.
Minsicht Christ. I. 84.
Moeschen Henr. Laur. II. 185.

— 155 —

Morawitzky Graf Topor II. 208.
Müller Jos. I. 76.
Neue milit. Zeitschrift. II. 146.
Neues ungarisches, Türckisches - Labet Spiel etc. II. 275.
Neu vermehrete und dem günstigen Leser etc. II. 266
Newe Zeytung, wie ein türckischer Herr etc. I. 62.
Newe Zeyttung vom Türcken So uff Mitwochen etc. I. 60.
Nischandschi's Dschel al sade Geschichte I. 100 (Beilage XIX), I. 103. (Beilage 5).
Noticias del Norte dadas á la Luz Publica etc. II. 117.
Noticias singvlares de algvnas cosas etc. II. 114.
Noticias veridicas. y Sucinto compendio etc. II. 113.
Nusser Baldas I 131. Seite 129.
Nvevas Ordinarias de los Sucessos etc. II. 110, 111. 112.
Nvevas singolares del Norte é Italia etc. II. 103.

Oechsle F. T. II. 222.
Oesterreichische Zeitschrift II. 133.
Oracion á nuestro Padre Jnocencio XI. etc. II. 237.
Oracion exortatoria. qve el Rey de Polonia etc. II. 104.
Ortelius Hieron. I. 77.
Ortelius redivivus et continuatus I. 78.

Panegyrico al Rey de Polonia etc. II. 299.
Patina G. C. II. 247, 248.
Peeters Jacob II 331.
Pessel Paul I. 65, 66.
Petschewio Geschichte I 100. (Beilage XIV.)
Pignatelli St. II. 291.
Poëtisches Te Deum Laudamus. II. 249.
Poyssl Johann. II. 262.
Prati G. II. 286.

Quinenos Maria de I. 82.

Raggvaglio distinto di quanto occorse etc. II. 88.
Rally W. v. II. 305.
Raumer's Taschenbuch. II. 205.
Récit de ce qui sest passé au Siège etc. II. 183.
Rede des Herrn Commendanten etc. II. 308.
Relacion de las Rogativas etc. II. 115.
Relacion de las vltimas noticias etc. II. 109.
Relacion diaria de las noticias verdaderas etc. II. 97.
Relacion diaria de todas las noticias etc. II. 98.
Relacion extrardinario del martes etc. II. 220.
Relacion verdadera, en que se da noticia etc. II. 96.
Relacion verdadera en que se refire etc. II. 95.
Relacion verdadera y compendio etc. II. 106, 107.
Relation das ist Gründliche Beschreibung etc. II. 51.
Relation de ce qui s'est passé etc. II. 184.
Relation de tout ce qui s'est passé etc. II 122.
Relation dessen. was inzwischen Aufhebung etc. II. 170.
Relation oder eigentliche Beschreibung etc. II. 166. 167.
Relation veritable du siège de Vienne. II. 182.
Relation worinnen enthalten etc. II. 172.
Remarquabl L. C. L. II. 263.
Rescalli Franc. II. 281.
Reusner Nicol. I. 38.
Reuterer V. I. 74, Seite 129. Nr. 137.
Ribischy Henr. I. 42.
Rinck II. 136.
Rocolles J. B. I. 41. II. 121.
Rosettis Franc. de II. 88, Seite 130. Nr. 338.

Ruess Wilh. II. 12—15 Nachdrücke seiner Relation II. 17—28.
Rurschaydt Anton I. 67.
Sachs Hans I. 17—33, 110—116
Salvandy M. de II. 221, 229.
Sanchez de Villa Major Andr. II. 94.
Sanctissimo Domino Nostro Innocentio XI. etc. II. 119.
Sanuto's Chronik I. 100 (Beilage I und VIII).
Sava K. I. 107.
Seidl J. G. I. 108.
Sendschreiben von der Victoria der Christen etc. II. 179—180.
Serapeum II. 269.
Serava Diego Nr. 36.
Siber I. 88.
Siebmacher Joh. Seite 129
Sonderbahre Particular Schreiben etc. II. 57.
Soltau I. 118.
Sparhack Valten I. 130.
Specification Derjenigen Stück und Pöller etc. II. 14. 40.
Specification, Was ueber so eylends etc. II. 1, 14. 40.
Spiegel I. 37.
Spielkarten II. 334
Spinola Andr. II. 289.
Staupitz C. H. de II. 302.
Steinbach Leop. II. 141.
Stern. von Labach Peter I. 1, 9, 13.
Sulaiman's Tagebuch I. 69. 70.
Sulaiman's Brief an Andreas Gritti I. 76.
Summarische Relation was sich in währender II. 53, 54, 55.
Suttinger Daniel II. 16, 197, 198, 322—325.

Schaffen Laur. II. 72.
Schardius redivivus I. 39.
Scheiger Joseph II. 155.
Schimmer K. A. (C. A.) I. 103—105, II. 159—162.
— Schimpflicher Abzug des Türckischen Feldherrns II. 270.

Schlager J. E. I. 75.
Schmidl's österr. Blätter II. 305.
Schmidt Heinrich II. 316.
Schneidawind E. J. A. I. 102. II. 156.
Schreibers Wolfgang I. 68.
Schweitzer Math. Bern. à II. 282.

Teutsch Poetisches Te Deum laudamus II. 17, 39.
Tirckische belegerung der fürstlichen stat Wien etc. I. 35.
Thaw Sebastian I. 130.
Theatrum Europaeum II. 79.
The Deliverance of Vienna, etc. II. 304.
The present state of the German and turkish Empires etc. II. 128.
Thoma Huberto I. 106.
Torres y Medrano. Ivan de II. 94.
Torres y Medrano. Christoval de II. 94.
Triumphirende Sieges Palme II. 253.
Triumph- vnd Freuden Lied etc. 251.
Turkhen belegerung der statt Wien I. 46.
Türckhen belegerung der stat Wien I. 47.
Türcken belegerung der statt Wien etc. I. 50.
Türckische Belegerung der statt Wienn etc. I. 57.
Türckische belegerung der stat Wien etc. I. 63.
Türckische belegerung Warhafftigen bericht etc. I. 56.
Türckischer Belegerung wahrhaffter Bericht etc. I. 61.
Türcken Krieg und Christen Sieg II 181.
Türckische Prügel Suppe etc. II. 255—57.
Türkische und Ungarische Chronika etc. I. 79.

Uhlich Gottfr. I. 94, II. 142.
Umständlicher Bericht was sich begeben etc. II. 168.
Umständlicher Verlauff der Begebenheiten etc. II. 48.

Vaelkeren Joh II 1—6.
Varios romancos etc. II. 295.
Vecellio Cesare I 132.
Velchern. Siehe Vaelkeren.
Velius Casp. I. 93.
Verdadera, y Nveva Relacion etc. II. 116.
Vero e distincto Ragvaglio etc. II. 87.
Vervolg van de Vrevgden teekenen bimen etc. II. 127.
Verzeichnis aller Vezir, Bassen etc II.243.
Victoria à Regia sua Poloniae majestate etc. II. 214.
Vidania Diego Vincencio de II. 94
Vienna a Turcis quidem oppugnata etc II. 17. 278.
Vienna Austriae a Turcis oppugnata etc. II. 82.
Vienna Austriae urbis nobilissimae a Sultano Saleymano etc. I. 36.
Vienna obsessa a Turcis etc. II. 279.
Vienna Pro soluto Germano-Polonicis etc. II. 118.
Vienna sitiada, J socorrida etc. II. 100. 101 und 102.
Vier denkwürdige Relations Gesänger etc. II. 254.
Villa Mayor Andreas Sanchez de II. 94.
Vor de la fama etc. II. 294.
Vortrag vnd Rede an Ihro Peebst. Heiligkeit etc. II. 39.

Wagner Franc. II. 138.
Wagner Tobias I 40.
Wahre Verzeichnuss und Situation etc. II. 67.

Wahrhaft und eigentliche Beschreibung etc. II. 196.
Wahrhaffte Abbildung der dapfermüthigen Helden etc. II. 186.
Wahrhaffte Erzehlung. wie die erste Kundschaft etc. (Kolschitzki) II. 39.
Wahrhaffte nnund gründliche Relation etc. II. 41.
Wahrhafftige Contrafactur der Löblichen etc. I. 5.
Wahrhaftige Erzehlung welcher gestalt etc. II. 61.
Warhafftige Newe zeyttung von der Stat Wienn etc. I. 52.
Warhafftige new Zeittung von der Statt Wien etc. I. 58.
Weiss Carl I. 6.
Weller Emil I. 115.
Wer sucht, der findt etc. II. 267.
Weschel L M. II. 151.
Wichmann J. Seite 61.
Wie die Arbeit, so der Lohn etc. II. 271.
Wie ein Türgkischer Herr in einem Gulden stuck gefangen etc. I. 43, 50, 62.
Wiener Diarium II. 311.
Wie Sultan Solimann Wien belegert etc. I. 51.
Wolff I. 125.

Zell Christof I. 119.
Ziegler Heinr. v. II. 199.
Zierenberg Dideric II. 283.
Zschoke Heinr. II. 207.
Zwey schöne neue Lieder etc. 274.

Satzfehler.

Seite 3, Zeile 13 von unten lies: „Rezensiert."
„ 25, Nr. 78 „ „ „ : „redivivus."
„ 27, „ 90 „ „ „ : „Totius."
„ 33, Zeile 1 von oben „ : „Hans Sachs."

Inhalts-Verzeichnis.

	Seite
Vorrede	VII
Einleitung	XIII

1529.

Gleichzeitige Relationen und deren Nachdrücke	1
Gleichzeitig geschriebene, doch später gedruckte Berichte	21
Urkunden	23
Neuere Bearbeitungen	25
Gleichzeitige Lieder und Sprüche	32
Bildliche Darstellungen	37

1683.

Gleichzeitige Relationen und solche aus der nächsten Zeit	43
Gleichzeitig geschriebene und später gedruckte Berichte	77
Neuere Bearbeitungen	78
Der Entsatz	84
Beteiligung der Hilfsvölker.	
a) Sachsen	89
b) Bayern	91
c) Brandenburg	92
d) Polen	92
Verzeichnisse	97
Gleichzeitige Gedichte und dramatische Bearbeitungen	98
Varia	118
Gleichzeitige bildliche Darstellungen	119
Nachträge und Verbesserungen	128

Anhang.

Beschreibung der auf die beiden Türkenbelagerungen Wiens geschlagenen Medaillen	133
Verzeichnis der im ersten Teile vorkommenden Drucker des XVI. Jahrhunderts	149
Register	151

Fig. 1.

Fig. 2.

Fig. 3.

Fig. 4.

Fig. 5.

Fig. 6.

Fig. 7.

Fig. 8.

Fig. 9.

Fig. 1.

Fig. 11.

Fig. 12.

Fig. 13.

Fig. 14.

Fig. 15. Fig. 16.

Fig. 17. Fig. 18.

Fig. 19. Fig. 20.

Fig. 21

Fig. 22

Fig. 23.

Fig. 24.

Fig. 25.

Fig. 26

Fig. 27.

Fig. 28.

Fig. 29.

Fig. 30.

Fig. 31.

Fig. 32.

Fig. 33.

Fig. 34.

Fig. 35.

Fig. 36.

Fig. 37.

Fig. 38.

Fig. 39.

Fig. 40.

Fig. 11.

Fig. 12.

Fig. 13.

Fig. 44.

Fig. 45.

Fig. 46.

Fig. 47.

Fig. 48.